Positive सोच के फंडे

लेखक की पुस्तकें

जिंदगी न मिलेगी दोबारा
एन. रघुरामन
युवा भारत की नई पहचान
एन. रघुरामन
अब हमें बदलना होगा
एन. रघुरामन
फिर भी जिंदगी खूबसूरत है
लक्ष्य प्राप्ति के फंडे
इरादे हों तो ऐसे
जब सोचो बड़ा सोचो
इंसानियत के फंडे
खुशहाल फैमिली के फंडे
Positive सोच के फंडे
नए दौर के बिजनेस फंडे
Business की Wow सोच
जीवन जीने के फंडे
सफल बिजनेस के फंडे
लीडरशिप के फंडे
स्मार्ट बनने के फंडे

Positive सोच के फंडे

एन. रघुरामन

प्रभात पेपरबैक्स
www.prabhatbooks.com

प्रकाशक

प्रभात पेपरबैक्स

4/19 आसफ अली रोड, नई दिल्ली–110002

फोन : 23289555 • 23289666 • 23289777 ❖ फैक्स : 23253233

इ–मेल : prabhatbooks@gmail.com ❖ वेब ठिकाना : www.prabhatbooks.com

संस्करण

2018

मूल्य

एक सौ पचास रुपए

अ.मा.पु.स. 978-93-5048-517-0

मुद्रक

नरुला प्रिंटर्स, दिल्ली

———— ★ ————

POSITIVE SOCH KE FUNDE
by N. Raghuraman

Published by **PRABHAT PAPERBACKS**
4/19 Asaf Ali Road, New Delhi-110002

ISBN 978-93-5048-517-0

₹ 150.00

दो शब्द

प्रसिद्ध ब्रिटिश दार्शनिक लॉरेंस स्टेम ने 17वीं सदी में कहा था, "ज्ञान की भूख समृद्धि की भूख की तरह होती है। जितनी मिलती है, भूख उतनी ही बढ़ती जाती है।" लॉरेंस स्टोम की यह छोटी बात बड़ा इशारा करती है। आज का युग ज्ञान का युग है। चहुँओर फैले ज्ञान के इस असीम सागर से कुछ मोती चुनकर लाना आसान नहीं होता। वक्त की आपाधापी में हम अपने बीच ही घटनेवाली कुछ बातों को अनदेखा कर जाते हैं। कुछ ऐसे भी लोग हैं जो इन्हीं बातों का मतलब गहराई से समझते हैं और दूसरों को वही अर्थ सरल भाषा में समझाते हैं। ऐसे ही मानकों पर खरा उतरता है एन. रघुरामन का मैनेजमेंट फंडा। भारी और लच्छेदार वाक्यों का इस्तेमाल किए बगैर, जीवन की हकीकत और जीवन प्रबंधन की कला आम पाठकों तक पहुँचाने का सहज माध्यम साबित हुआ है, दैनिक भास्कर और दिव्य मराठी और दिव्य भास्कर का नियमित स्तंभ, 'मैनेजमेंट फंडा'।

वर्ष 2003 में विविध क्षेत्रों से जुड़ी जानकारी सहज-सरल भाषा में आम पाठकों तक पहुँचाने के लिए मैनेजमेंट फंडा की शुरुआत हुई। धीरे-धीरे यह स्तंभ लोकप्रियता के नित नए सोपान चढ़ता गया। यहाँ तक कि साल के 365 दिन पाठकों को इसका इंतजार रहने लगा। आज यह स्तंभ गागर में सागर की तर्ज पर ज्ञान समेटे हुए है। इसकी मदद से जीवन के

विभिन्न क्षेत्रों और स्थितियों को देखने का नजरिया विकसित होता है। जीवन का कोई क्षेत्र शायद ही रघुरामन की नजर से बचा हो। यह पुस्तक उनके आठ वर्षों में प्रकाशित स्तंभों का चुनिंदा संग्रह है। उम्मीद है कि पुस्तक विभिन्न आयु के पाठकों में मूल स्तंभ की तरह ही लोकप्रिय होगी और उन्हें विभिन्न स्थितियों में आगे बढ़ने की राह दिखाएगी।

—रमेश चंद्र अग्रवाल

अध्यक्ष

भास्कर समूह

आभार

मेरे द्वारा लिखित स्तंभों का इस पुस्तक के रूप में आना कई शुभचिंतकों के सहयोग से ही संभव हो सका है। सबसे पहले मैं दैनिक भास्कर समूह के प्रबंध निदेशक, श्री सुधीर अग्रवाल का आभार व्यक्त करना चाहूँगा, जिन्होंने मुझमें विश्वास व्यक्त किया कि मैं साल के 365 दिन और सालो-साल किसी एक विषय पर लगातार लिख सकता हूँ। उनकी प्रतिबद्धता और मुझमें विश्वास ने मुझे अभिव्यक्ति के लिए मंच प्रदान किया। मैं विज्ञापन प्राप्त करने के दबाव से मुक्त होकर निरंतर लेखन कर पा रहा हूँ और इससे मुझे करोड़ों पाठकों का असीम प्रेम मिल रहा है।

अपनी पत्नी प्रेमा और बेटी निशेविता, जिसके क्रमिक विकास से मुझे मैनेजमेंट के नए सिद्धांत और सूत्र मिले, की धैर्यपूर्ण भागीदारी के प्रति भी मैं आभार प्रकट करना चाहूँगा। दैनिक भास्कर समूह के वरिष्ठजनों और सहयोगियों की चिंतनशील सोच और सहयोग के बिना मेरे लेखन को सार्थकता नहीं मिलती; इन सबका मैं कृतज्ञ हूँ—सर्वश्री रमेश चंद्र अग्रवाल, सुधीर अग्रवाल, गिरीश अग्रवाल, पवन अग्रवाल।

अनुक्रमणिका

सिद्धांतों के कोई अपवाद नहीं होते

माखनलाल ओझा आने वाले 15 जून को 90 वर्ष के हो जाएँगे। उनका जन्म सन् 1924 में हुआ था और गरीबी के माहौल में रहते हुए उन्होंने सन् 1942 में वर्नाकुलर मिडिल परीक्षा पूरी की थी। प्राथमिक शिक्षा पूरी करने में देरी का कारण यही था कि वे तत्कालीन ब्रिटिश सरकार के खिलाफ विरोध-प्रदर्शनों में भी हिस्सा लेते थे। उस समय के युवाओं के लिए हरेकृष्ण पांडे द्वारा संचालित प्रशिक्षण कार्यक्रम आकर्षण का बड़ा केंद्र था। पांडे युवा छात्रों को ब्रिटिश सरकार के खिलाफ प्रशिक्षित करते थे।

परीक्षा पूरी करने से ठीक पहले ओझा अंग्रेजों के खिलाफ एक आंदोलन में शामिल हुए थे। ग्वालियर रियासत के डबरा तहसील में बिलाउवे क्षेत्र में पान के पत्तों की खेती और बिक्री पर सरकार सीमा शुल्क लगाने की तैयारी कर रही थी। यह आंदोलन इसी के खिलाफ था। ग्वालियर का यह इलाका आज भी पान के पत्तों की खेती के लिए जाना जाता है। जागीरदारों ने इसकी बिक्री पर 50 प्रतिशत सीमा शुल्क लगा दिया था, जिसके विरोध में इस इलाके के युवा गोलबंद हुए थे। उस दौर में जागीरदार वे होते थे, जो एक से ज्यादा गाँव के मालिक होते थे, जबकि जमींदारों के पास एक ही गाँव में जमीन के बड़े हिस्से पर मालिकाना हक होता था। आंदोलनकारियों का तर्क था कि सीमा शुल्क उन उत्पादों पर लगाया जाता है, जो बाहर से देश में आते हैं।

तहसील से बाहर जाने वाले उत्पादों पर सीमा शुल्क लगाने का कोई औचित्य नहीं है, लेकिन यह वह दौर था जब आम लोगों की बातों की कोई अहमियत नहीं थी। हालत यह थी कि लोग अपने बच्चों की शादी में भी अपनी मरजी से अपने दोस्तों और रिश्तेदारों को नहीं बुला सकते थे। शादी में कौन शामिल होगा, इसका फैसला भी जागीरदार ही करते थे। ओझा ने सीमा शुल्क के फैसले का जमकर विरोध किया और नतीजा यह हुआ कि उन्हें कैद कर लिया गया (उस जमाने में इसे बंदी कहा जाता था और लोगों को जागीरदार के बँगले के पास किसी अँधेरे कमरे में बंद कर रखा जाता था)। कैद से छूटने के बाद ओझा के माता-पिता और चाचा ने उन्हें समझाया तथा पढ़ाई पूरी करने को कहा।

इसके बाद वे ग्वालियर की सेंट्रल लाइब्रेरी में नियुक्त हो गए और धीरे-धीरे सवा लाख किताबों के संरक्षक बन गए। लाइब्रेरी में हिंदी, अंग्रेजी, मराठी और उर्दू भाषा की किताबें रखी थीं। सालों तक वे यहाँ असिस्टेंट लाइब्रेरियन रहे। उन्हें हर किताब के बारे में सारी जानकारी थी। कम-से-कम 25 कर्मचारी उनके अधीन काम करते थे। सन् 1940 के दशक के मध्य में उनका वेतन 25 रुपए था और रियासत के राजा के घर में किसी नए बच्चे का जन्म होने पर इसमें एक रुपए की बढ़ोतरी की जाती थी।

इसके बाद देश स्वतंत्र हो गया और सरकार ने स्वतंत्रता सेनानियों को रियायतें देने का फैसला किया। इसके बाद से ओझा आज तक यह साबित करने की कोशिश में लगे हैं कि वे एक स्वतंत्रता सेनानी हैं। मध्य प्रदेश हाई कोर्ट के फैसले के साथ ओझा की फाईल दो दशक से ज्यादा समय से यहाँ से वहाँ घूमती रही है, लेकिन अब तक कोई काररवाई नहीं हुई।

पूर्व राष्ट्रपति प्रतिभा पाटिल ने भी नवंबर 2011 में इस बारे में गृह मंत्रालय को पत्र लिखा, लेकिन इसका भी कोई नतीजा नहीं निकला। इधर ओझा का कहना है कि वे किसी से भीख नहीं लेंगे, रिश्वत नहीं देंगे और उन लोगों के सामने कभी नहीं झुकेंगे, जिन्हें यह भी पता नहीं कि उन्होंने देश की आजादी के लिए किस तरह लड़ाई लड़ी थी। वे इसके लिए दुःखी नहीं हैं कि उन्हें स्वतंत्रता सेनानी होने का प्रमाण-पत्र नहीं मिल रहा, बल्कि यह सोचकर

खुश हैं कि उन्होंने 89 वर्षों की जिंदगी बिना अपने सिद्धांतों से समझौता किए गुजार ली। कुछ साल पहले उनकी पत्नी की मृत्यु हो गई और इसके बाद से उनका समय ग्वालियर या उज्जैन में बीतता है, जहाँ उनके बेटे एक बैंक में नौकरी करते हैं।

फंडा यह है कि नियमों के अपवाद हो सकते हैं, लेकिन जब बात सिद्धांतों की आती है तो इसमें किसी तरह के अपवाद या ढिलाई की गुंजाइश नहीं होती। याद रखिए, सिद्धांत किसी भी कीमत पर खरीदे या बेचे नहीं जा सकते। ओझा इसके साक्षात् उदाहरण हैं।

□

माहौल पॉजीटिव हो तो असंभव भी संभव हो जाता है

कॉलोनियल हिल्स एलिमेंट्री स्कूल फील्ड रेस प्रतियोगिता के दौरान एक दिन ओहियो एलिमेंट्री स्कूल का छात्र मैट भी इसमें हिस्सा लेने की जिद करने लगा। नौ वर्षीय मैट मानसिक कमजोरी (स्पैस्टिक सेरेब्रल पाल्सी) का शिकार है, इसके बावजूद वह दौड़ में शामिल होने को तैयार हो गया। दौड़ते हुए वह थक गया, लेकिन अपने सहपाठियों की मदद से उसने दौड़ पूरी कर ली। यू-ट्यूब पर इसका पाँच मिनट का वीडियो अपलोड किया गया है, जिसमें मैट की माँ के हाव-भावों को देखकर आँखों से आँसू निकले बिना नहीं रह सकते। वीडियो की शुरुआत में मैट अपने सहपाठियों के साथ स्टार्ट लाइन पर खड़ा है। दौड़ शुरू होते ही वह पिछड़ जाता है, लेकिन उसका हौसला कमजोर नहीं होता, चेहरे पर मुसकराहट के साथ उसने दौड़ना जारी रखा। दौड़ पूरी करने के लिए मैदान के दो चक्कर लगाने हैं, लेकिन एक चक्कर पूरा करते-करते मैट के चेहरे पर थकान स्पष्ट नजर आने लगती है। उसके जिम टीचर उसके पास पहुँचते हैं, उसे दौड़ पूरी करने के लिए प्रोत्साहित करते हैं और अंत में उसके साथ-साथ दौड़ने लगते हैं।

माहौल तब भावनात्मक होने लगता है जब दौड़ पूरी कर चुके मैट के सहपाठी उसे प्रोत्साहित करने लगते हैं और फिर धीरे-धीरे उसके सभी दोस्त

मैट का उत्साह बढ़ाने के लिए जोर-जोर से उसका नाम पुकारने लगते हैं। इससे निस्संदेह मैट का उत्साह बढ़ता है और वह फिनिश लाइन के करीब पहुँच जाता है। वह जैसे-जैसे नजदीक पहुँचता है, उसके दोस्त और उत्साह के साथ उसे आगे बढ़ने के लिए प्रेरित करने लगते हैं। इसी पड़ाव पर मैट की माँ, जो इस पूरे वाकये की रिकॉर्डिंग कर रही हैं, यू-ट्यूब वीडियो के एक कोने में कमेंट लिखती हैं—अब रोने में कोई हर्ज नहीं है। दौड़ अपने अंतिम पड़ाव के करीब पहुँचती है तो मैट का उत्साहवर्धन करने वाले भीड़ में तब्दील हो जाते हैं। वह जैसे ही फिनिश लाइन को छूता है, उसके सहपाठी, शिक्षक और अभिभावकों का समूह जोर-जोर से शोर करने लगता है, उससे हाथ मिलाता है, गले लगाता है और उसको बधाइयाँ देता है।

उपलब्धियाँ चाहे कितनी छोटी ही क्यों न हों, बड़ों की प्रशंसा से बच्चों को गर्व का एहसास होता है। उन्हें स्वतंत्र रूप से काम करने की जिम्मेदारी दी जाए तो वे स्वयं को क्षमतावान और मजबूत महसूस करते हैं। इसके विपरीत, उनकी उपलब्धियों को कम करके बताना या दूसरे बच्चों के मुकाबले उन्हें कमतर बताने से उन्हें लगता है कि वे किसी लायक नहीं हैं। मनोवैज्ञानिकों का कहना है कि हमें बच्चों के बारे में भारी-भरकम बातें बोलने या शब्दों को हथियार की तरह इस्तेमाल करने से परहेज करना चाहिए। यह क्या हरकत है या तुम तो अपने छोटे भाई से भी ज्यादा बच्चों की तरह व्यवहार करते हो—इस तरह की बातें बच्चों के दिमाग पर उतना ही गहरा असर करती हैं, जितना पिटाई से उन्हें शरीर पर चोट का एहसास होता है। उनका मानना है कि बच्चों के बेहतर मानसिक विकास के लिए हमें उनके बारे में कुछ भी बोलते समय शब्दों का चुनाव सावधानी से करना चाहिए और दया का भाव रखना चाहिए। अपने बच्चों को यह समझाइए कि गलतियाँ सब करते हैं। उनकी कोई बात आपको पसंद न आए, फिर भी उन्हें यह एहसास दिलाइए कि आप उनसे प्यार करते हैं। याद रखिए, इम्तिहानों का मौसम है और हर घर में इसके चलते माहौल थोड़ा तनावपूर्ण होता है। ज्यादा गुस्सा परीक्षा में बच्चे के परफॉर्मेंस पर बुरा असर डाल सकता है। यह माता-पिता पर निर्भर करता है कि वे स्थिति से कैसे निबटते हैं और माहौल को किस तरह पॉजीटिव बनाते हैं, जिससे भविष्य में उन्हें निराशा न झेलनी पड़े।

फंडा यह है कि यदि आप किसी असंभव को संभव बनाना चाहते हैं तो माहौल तनावपूर्ण होने की बजाय यह सुनिश्चित कीजिए कि यह खुशगवार और पॉजीटिव हो। फिर आप खुद ही फर्क को महसूस कर सकते हैं।

□

इच्छाओं को सीमित करेंगे तो खुश रहेंगे

हाल में एक दंपती काउंसलिंग के लिए डॉक्टर के पास पहुँचे। वे पच्चीस साल से विवाहित थे। लेकिन हाल के दिनों में उनके जीवन में तनाव और असहजता अचानक बढ़ने लगी थी। पत्नी की शिकायत यह थी कि पति घर के बजट को इतना कम करते जा रहे हैं कि उनके बच्चों के लिए जीवन की खुशियों का मजा लेना मुश्किल हो रहा है। पत्नी ने हालाँकि यह भी बताया कि उनके पति को कोई बुरी लत नहीं है। वे भविष्य के लिए बचत करने के प्रयास में वर्तमान को भूलते जा रहे हैं। डॉक्टर ने उन्हें एक कहानी सुनाई और उनकी समस्या का समाधान कर दिया। कहानी कुछ इस तरह थी—

बहुत पुरानी बात है। एक राजा था, जिसके पास किसी चीज की कोई कमी नहीं थी। वह आराम के साथ अपनी जिंदगी जी रहा था, लेकिन इसके बावजूद वह न अपने जीवन से खुश था और न ही संतुष्ट। एक दिन राजा की नजर अपने एक नौकर पर पड़ी, जो काम करते हुए गाना गा रहा था।

यह देखकर राजा के आश्चर्य का ठिकाना न रहा। वह यह सोचने लगा कि आखिर ऐसा क्या है, जो राजा होकर भी वह निराश और दु:खी है, जबकि उसका नौकर इतना खुश है। राजा ने नौकर से पूछा, "तुम इतने खुश कैसे हो?" नौकर ने जवाब दिया, "महाराज मैं एक नौकर हूँ। मेरे और मेरे परिवार की जरूरतें काफी सीमित हैं। हमें केवल रहने के लिए छत और पेट भरने के

लिए भोजन चाहिए होता है।" राजा इस जवाब से संतुष्ट नहीं हुआ और उसने अपने सबसे विश्वस्त सलाहकार से इस बारे में पूछा। राजा की परेशानी और नौकर का जवाब सुनने के बाद सलाहकार ने कहा, "महाराज, मुझे लगता है, उस नौकर को अब तक 'द 99 क्लब' का सदस्य नहीं बनाया गया है।"

"यह '99 क्लब' क्या है?" राजा ने पूछा। सलाहकार ने कहा कि वह उसे मानवीय स्वभाव की प्रयोगशाला में कुछ प्रैक्टिकल कर इस बारे में बताएगा। सलाहकार ने एक बैग में सोने के 99 सिक्के रखे और उसे नौकर के घर के दरवाजे पर रख दिया। नौकर ने बैग देखा तो उसे घर के अंदर ले आया। बैग खोलने पर सोने के इतने सारे सिक्के देखकर उसकी खुशी का ठिकाना नहीं रहा। वह सिक्के गिनने लगा। कई बार गिनने के बाद उसे यह पक्का भरोसा हो गया कि इसमें 99 सिक्के ही हैं। वह सोचने लगा एक सिक्का कहाँ चला गया? आखिर कोई 99 सिक्के क्यों छोड़ेगा? जहाँ भी संभव था, नौकर ने सौवें सिक्के को ढूँढ़ा, लेकिन वह उसे नहीं मिला। थक-हारकार उसने फैसला किया कि वह ज्यादा मेहनत कर एक सिक्का कमाएगा और सौ सिक्के पूरे करेगा।

उस दिन के बाद से नौकर की जिंदगी बदल गई। वह हमेशा काम में लगा रहता, छोटी-छोटी बातों पर गुस्सा करता और अपने परिवार के लोगों से शिकायत करता कि वे उसे सौवाँ सिक्का कमाने में मदद नहीं कर रहे हैं। अब उसने काम करते हुए गाना भी बंद कर दिया था। नौकर के व्यवहार में आए बदलावों को देखकर राजा परेशान हो गया। राजा ने इस बारे में फिर से अपने सलाहकार से पूछा तो उसने बताया, "महाराज अब वह नौकर भी 'द 99 क्लब' का सदस्य बन गया है।" उसने आगे बताया कि 'द 99 क्लब' उन लोगों के क्लब का नाम है, जिनके पास खुश रहने के लिए सारी चीजें हैं, लेकिन वे इससे संतुष्ट नहीं रहते और हमेशा ज्यादा हासिल करने की कोशिश में लगे रहते हैं।

वे खुद से कहते हैं, मुझे यह एक चीज और मिल जाए तो मैं जीवन भर खुश रहूँगा। हम अपने जीवन में थोड़े से भी खुश और संतुष्ट रह सकते हैं, लेकिन जैसे ही हमें कुछ अच्छा और बेहतर मिल जाता है, उससे भी बेहतर हासिल करने की इच्छा जाग उठती है। हम अपनी नींद खो देते हैं, हमारी खुशियाँ छिन जाती हैं, हम अपने आसपास के लोगों को दु:खी करने लगते हैं। और यह सब हमारी बढ़ती जरूरतों और इच्छाओं का नतीजा होता है।

फंडा यह है कि जो हमारे पास है, उसमें खुश और संतुष्ट रहना जीवन की एक कला है। 'द ९९ क्लब' का सदस्य बनना अनिवार्य नहीं है और फैसला खुद आपके ऊपर निर्भर करता है।

□

अंतिम क्षण तक हार कबूल न करें

तिथि 18 से 22 सितंबर, 1986। स्थान एम.ए. चिदंबरम स्टेडियम, चेपॉक, मद्रास। भारत और ऑस्ट्रेलिया की टीमों के बीच मुकाबला चल रहा था। आज शुरू हो रहा पाँच दिनों का मुकाबला भी इसी स्टेडियम में खेला जा रहा है। टीमें भी वही हैं, फर्क सिर्फ इतना है कि शहर का नाम बदलकर चेन्नई हो गया है। मैं यह मुकाबला केवल एक वजह से देखने गया था। इस मैच में सुनील गावस्कर लगातार सौ टेस्ट खेलने की उपलब्धि हासिल करने वाले पहले खिलाड़ी बनने जा रहे थे। पहले दिन ऑस्ट्रेलिया ने बल्लेबाजी की शुरुआत की, लेकिन खेल के पहले पचास मिनट के अंदर भारतीय विकेटकीपर किरण मोरे फूड पॉयजनिंग के शिकार हो गए और उनकी जगह चंद्रकांत पंडित को विकेट के पीछे जिम्मेदारी सँभालनी पड़ी।

ऑस्ट्रेलिया ने पहली पारी में सात विकेट के नुकसान पर 547 रनों का पहाड़ सा स्कोर खड़ा किया। इसमें डीन जोंस की 210 रनों की पारी का अहम योगदान था। जोंस ने 503 मिनट तक विकेट पर टिके रहकर 330 गेंदों का सामना किया और 27 चौकों तथा दो छक्कों की मदद से टेस्ट मैचों में किसी ऑस्ट्रेलियाई द्वारा भारत में सबसे ज्यादा रनों की पारी खेली। वे बल्लेबाजी करते हुए इतने थक गए थे कि उन्हें अस्पताल ले जाना पड़ा। उस समय हमारे हीरो रहे गावस्कर दर्शकों की उम्मीद पर खरे नहीं

उतरे। उन्होंने आठ रन बनाए थे, जब ऑफ स्पिनर ग्रेग मैथ्यूज ने अपनी ही गेंद पर कैच लपककर उन्हें पैवेलियन लौटा दिया।

भारत अपनी पहली पारी में किसी तरह 397 रनों के स्कोर तक पहुँचने में सफल रहा, लेकिन ऑस्ट्रेलिया ने दूसरी पारी में 170 रन बनाने के बाद मैच के अंतिम दिन भारतीय टीम के सामने जीत के लिए 348 रनों का लक्ष्य रखा। चार दिन तक मीडिया में टीम की खिंचाई होने के बाद टीम इंडिया नए जोश के साथ इस चुनौती का सामना करने मैदान में उतरी। गावस्कर ने 90 रन बनाए, मोहिंदर अमरनाथ ने 51, रवि शास्त्री ने 48, मोहम्मद अजहरुद्दीन 42 और श्रीकांत तथा चंद्रकांत पंडित ने 39-39 रन की ताबड़तोड़ पारियाँ खेलीं। हम आसानी से जीत हासिल करने की हालत में पहुँच गए थे। एक समय हमें जीत के लिए केवल 40 रनों की जरूरत थी, जबकि पाँच विकेट शेष थे। इसके बाद 344 के स्कोर तक पहुँचते-पहुँचते हमारे चार और बल्लेबाज धराशायी हो गए। अब जीत के लिए केवल चार रन बचे थे और गेंदबाजी की जिम्मेदारी ग्रेग मैथ्यूज के हाथों में थी। रवि शास्त्री ने पहली गेंद पर दो तथा दूसरी गेंद पर एक रन बनाया। अब स्कोर बराबर हो चुका था, लेकिन शास्त्री नॉन स्ट्राइकर छोर पर थे। भारत की जीत के लिए एक रन की दरकार थी और मैथ्यूज के सामने बल्लेबाज मनिंदर सिंह थे। शास्त्री मनिंदर के पास आए और उन्हें फील्ड में मौजूद खाली जगहों के बारे में बताया। उन्होंने मनिंदर से यह भी कहा कि संभव हो तो एक रन बनाओ नहीं तो जोर से गेंद पर प्रहार करो। तीसरी गेंद पर मनिंदर आउट होते-होते बचे।

अब तीन गेंदें बची थीं। मुझे ठीक से याद नहीं कि दोनों एंपायरों डीएन धोतीवाला और वी विक्रमराजू में से किसने मैथ्यूज को बल्लेबाजी छोर पर पिच को कुरेदने से रोका था। वे इससे परेशान हो गए। कप्तान बॉर्डर उन्हें प्रोत्साहित करने आए और दोनों एक मिनट से ज्यादा समय तक बतियाते रहे। मनिंदर भी दबाव में थे, क्योंकि जीत दिलाने की जिम्मेदारी अब उनके कंधों पर थी।

मैथ्यूज नए उत्साह के साथ दोबारा गेंदबाजी के लिए तैयार हुए।

गेंद उनके बल्ले और पैड से टकराकर लेग साइड की ओर लुढ़क गई। मनिंदर रन लेने के लिए भाग ही रहे थे कि अंपायर ने उन्हें आउट करार दिया और मैच टाई हो गया। एक पल के लिए मैदान के अंदर और पूरे स्टेडियम में सन्नाटा छा गया, फिर पूरी ऑस्ट्रेलियाई टीम खुशी से उछलने लगी। आज यह मुकाबला क्रिकेट के इतिहास का एक हिस्सा बन चुका है। उस दिन एक नई सीख मिली। जब तक आपको मृत घोषित न कर दिया जाए, आप जीवित हैं और कुछ भी कर सकते हैं।

फंडा यह है कि इनसान को उम्मीद नहीं छोड़नी चाहिए, जब तक कि अंत की घोषणा न कर दी जाए।

□

दुनिया को चाहिए दिल का इंटेलिजेंस!

निपुन मेहता servicespace.org. के संस्थापक हैं, जो गिफ्ट इकोनॉमी की दिशा में काम करने वाली एक गैर लाभकारी सेवा है। एक बार वह चीन में कुछ प्रभावशाली कारोबारी लीडर्स के समक्ष बोल रहे थे। श्रोताओं में से एक ने उनसे कहा, ''आप महात्मा गांधी के आध्यात्मिक उत्तराधिकारी विनोबा भावे के बारे में खूब बातें करते हैं कि कैसे उन्होंने समूचे भारत में 80,000 कि.मी. की पदयात्रा करते हुए लोगों को 50 लाख एकड़ तक भूदान के लिए प्रेरित किया। यह मानव जाति के इतिहास में एक असाधारण उपलब्धि हो सकती है, लेकिन वास्तव में आज कितने लोग विनोबा भाावे को याद करते हैं? इसके बजाय जरा इसके बारे में भी सोचें कि कितने सारे लोग स्टीव जॉब्स और उनके द्वारा छोड़ी गई विरासत को याद करते हैं।'' यह सुनकर निपुन सोच में पड़ गए और उन्हें लगा कि अल्पकालीन प्रभाव के लिहाज से उस व्यक्ति का कहना सही था, लेकिन निपुन खुश नहीं थे। संभवत: इस वजह से भी कि यह तुलना साठ के दशक में रहे एक व्यक्ति और हालिया दौर के एक शख्स के बीच थी। इसी बीच 'फोर्ब्स' पत्रिका ने एक स्टोरी प्रकाशित की, जिसमें एक सवाल था—'कौन दुनिया में ज्यादा बदलाव लेकर आया बिल गेट्स

या मदर टेरेसा?' और उसका निष्कर्ष था बिल गेट्स। निपुन ने इसी सवाल को पुणे की एक कक्षा में बच्चों से पूछा। ज्यादातर बच्चों का कहना था मदर टेरेसा। लिहाजा उन्होंने अगला सवाल पूछा—क्यों? जब बच्चे इसका जवाब देने के लिए हाथ उठा रहे थे, तभी उन्होंने देखा कि एक शरमीली सी लड़की (जो शायद 11 साल की रही होगी) ने हिचकते हुए अपना हाथ ऊपर किया और फिर नीचे कर लिया। यह देखकर निपुन ने उसे बोलने के लिए उकसाया और उस लड़की ने जो कहा, उसे सुनकर सब अभिभूत हो गए। लड़की का कहना था, "सर, बिल गेट्स पैसे की ताकत के इस्तेमाल से दुनिया में बदलाव लेकर आए, जबकि मदर टेरेसा ने प्यार की ताकत से दुनिया को बदला। और मुझे लगता है कि प्यार पैसे से ज्यादा ताकतवर है।" यह बिलकुल सरल, स्पष्ट, सुंदर और मौके पर दिया गया माकूल जवाब था और इसके बाद क्लास में किसी और से प्रतिक्रिया लेने की जरूरत नहीं थी। व्यापक अनुसंधान और शिक्षा के बाद हम बौद्धिक लब्धि (आईक्यू) और भावनात्मक लब्धि (ईक्यू) के बारे में तो समझने लगे हैं, मगर अब हमें सीक्यू के बारे में भी समझने की जरूरत है। सीक्यू यानी कंपैशन कोशेंट (करुणा लब्धि)। यह दिल का इंटेलिजेंस है। तकरीबन एक दशक पहले न्यूरोसाइंटिस्ट्स ने पाया कि न सिर्फ हमारे दिमाग में, बल्कि दिल में भी न्यूरॉन्स होते हैं, जिनके बीच संवाद होता है। तुलसीदासजी ने भी कहा है, "तुलसी इस संसार में सबसे मिलिए धाय, न जाने किस रूप में नारायण मिल जाए।" हमारे गैजेट्स (यहाँ बिल गेट्स भी पढ़ सकते हैं) से प्रेरणा महज जानकारी के रूप में आती है, कभी-कभी कुछ पलों के भीतर ही, लेकिन जब यही प्रेरणा किसी ऐसे शख्स की ओर से आती है, जो अपनी कथनी के मुताबिक चलता है (यहाँ मदर टेरेसा भी पढ़ सकते हैं) तो इसका कुछ अलग ही असर होता है। यह हमारी चेतना के भीतर गहरे तक प्रतिध्वनित होती है। यही कारण है कि दीर्घकाल में हमारा दिमाग कभी दिल के खिलाफ नहीं जाता।

फंडा यह है कि प्यार के सहारे किए गए काम (चाहे वह कितना ही छोटा या साधारण हो) का असर आपके जीवन के बाद भी कायम रहता है और आगे कई पीढ़ियों को प्रेरणा देता है। बढ़ते अपराध और भौतिकवाद के साथ आधुनिक जगत् में आज करुणा जैसे भाव की जरूरत ज्यादा-से-ज्यादा महसूस की जाने लगी है।

□

जुझारूपन प्रकृति का नियम है

पिछले दिनों मैं एक जगह शोक संवेदनाएँ व्यक्त करने गया। इस परिवार में चार सदस्य थे, जो अब तीन ही रह गए थे, लेकिन उनके घर का जो सदस्य उन्हें छोड़कर चला गया था, वही दिन भर धमाचौकड़ी मचाता था। तीनों सदस्य हमेशा उसी के बारे में बातें करते रहते थे। वे हमेशा इस तरह की बातों को लेकर फिक्रमंद रहते कि वह कहाँ है, कहीं उसकी मस्ती फिर से न चालू हो गई हो, आखिर वह इतना चुपचाप क्यों है, आज उसके लिए खाने में क्या पकाया जाए, वह लघुशंका वगैरह से निवृत्त हुआ या नहीं, उसे बाहर टहलने कौन लेकर जाएगा इत्यादि।

वह तनिक भी बीमार पड़ जाए तो परिवार के तीनों सदस्य फौरन अपने कामकाज से छुट्‌टी लेकर उसकी देखरेख में लग जाते। वास्तव में वह घर में तनाव दूर करने का इतना बेहतरीन जरिया थी कि उसके अलावा परिवार में कोई बीमार भी नहीं पड़ता था। दरअसल मरने वाली इस परिवार की 12 वर्षीय फीमेल मेंबर थी, जो उनके घर की पहरेदारी भी करती थी। उसके होते हुए कोई भी उनके घर में घुसने की जुर्रत नहीं कर सकता था। वह भूरे-सुनहरे रंग वाली नन्ही सी पॉमेरेनियन पपी थी, जो दिन भर घर में इधर-उधर भागती रहती और अपने मालिकों का ध्यान आकर्षित करने के लिए कोई चीज मुँह में दबाए उनके पास दौड़ी चली आती।

उसके मालिक या तो उस काम के लिए उसे प्यार से थपकी देते हुए शाबाशी देते या फिर कहते कि आगे से वह फलाँ चीज को उठाकर न लाए। वह मालिकों के निर्देशों को गौर से सुनती और उनका पालन भी करती। मगर पिछले तीन महीनों से वह बहुत शांत हो गई थी। वह ठीक से न कुछ खाती, न घर आए मेहमानों का स्वागत करती और न ही किसी अजनबी पर गुर्राती। घर में सन्नाटा पसरा रहता। पहले तो उन्हें लगा कि वह मामूली बीमार है और कुछ रोज में ठीक हो जाएगी, लेकिन जब कई डॉक्टरों को दिखाने के बाद भी उसकी हालत में सुधार नहीं आया तो वे उसे शहर के सर्वश्रेष्ठ डॉक्टर के पास ले गए। उसके शरीर के हर हिस्से की स्कैनिंग की गई, मगर इससे भी कुछ नहीं निकला। इसके बाद वे उसे मुंबई के परेल में ले गए, जहाँ पर उन्हें पता चला कि वह क्यों कुछ नहीं खा पा रही है। पेट के भीतर किसी अंग की असामान्य वृद्धि की वजह से उसका पैंक्रियाज दब गया था, जिसकी वजह से भोजन आगे नहीं जा पा रहा था।

उसकी सर्जरी की गई। उसके पेट के भीतर कोई ट्यूमर जैसा बन गया था, लेकिन डॉक्टर उस वक्त यह बताने की स्थिति में नहीं थे कि कहीं उसमें कैंसर तो नहीं है। उनकी यह नन्ही पपी चुपचाप रोती रहती। डॉक्टर ने उस परिवार को बताया कि वह भयंकर पीड़ा से गुजर रही है। परिवार वाले भी उसे इस हालत में नहीं देख सकते थे, लिहाजा उन्होंने डॉक्टरों से उसका उपचार बंद करने की गुहार लगाई, ताकि वह शांति से मर सके। मैं उस शोकसभा से वापस आया और अपने कंप्यूटर को लॉग ऑन कर बैठ गया। हरियाणा के सिरसा में रहने वाली कार्टूनिस्ट मोनिका गुप्ता ने अपने फेसबुक पेज पर तुलसी के पौधे की एक तसवीर पोस्ट की थी, जो ठंड में पानी न देने की वजह से सूख गया था। इसमें एक भी पत्ती नहीं बची थी। मोनिका उसकी जगह एक नया पौधा लाना चाहती थीं, लेकिन उस शाम मौसम खराब होने की वजह से वे बाहर नहीं जा पाईं, लिहाजा उन्होंने गमले को यों ही छोड़ दिया।

तीन दिन बाद मौसम थोड़ा ठीक होने पर उन्होंने देखा कि तुलसी के उस सूखे पौधे की टहनियों पर हरी-हरी नई कोपलें उग आई हैं। मोनिका

यह देखकर खुश थीं कि पौधा वापस पुरानी स्थिति में आने लगा है। उन्होंने तुरंत गमले में पानी और कुछ खाद वगैरह डाली। उन्हें इस बात की भी खुशी थी कि उन्होंने तीन दिन पहले पौधे को मरा हुआ समझकर इसे जड़ से नहीं उखाड़ा। मैं नहीं जानता कि मुझे इस वक्त उस पपी का खयाल कैसे आ गया। यदि उसका उपचार बंद नहीं किया जाता तो हो सकता है कि वह ठीक होकर वापस पुरानी स्थिति में लौट आती या नहीं भी लौटती। मैं नहीं जानता। इस बारे में डॉक्टर ही बेहतर सलाह दे सकते हैं। लेकिन मेरे जेहन में एकबारगी ऐसा खयाल जरूर आया। मैंने तुरंत मोनिका गुप्ता की पोस्ट पर 'लाइक' का बटन क्लिक कर दिया।

फंडा यह है कि जिंदगी जुझारू होती है। आप इसे मौका दें तो यह खुद को दुरुस्त करने और वापस पुराने स्वरूप में लौटने की पूरी कोशिश करेगी। सृष्टि के हर जीव में अपनी पुरानी स्थिति में लौटने की ताकत होती है।

□

दया और करुणा के कई अर्थ

पहली कहानी : यह वीभत्स किस्सा पायाली नामक एक छोटे से गाँव का है, जो मध्य प्रदेश में जबलपुर से 150 कि.मी. दूर मंडला जिले की नैनपुर तहसील का हिस्सा है। वर्ष 2012 में 26-27 दिसंबर की रात को 32 वर्षीय राजकुमार अपनी भतीजी को बहला-फुसलाकर सुनसान इलाके में ले गया। फिर उसके साथ दुष्कर्म कर उसकी हत्या कर दी। वह अगले दिन पकड़ा गया और 21 जनवरी को निचली अदालत में पेश किया गया। पक्ष-विपक्ष के तर्कों को सुनने के बाद न्यायमूर्ति वीरेंद्र कुमार पांडे ने 5 फरवरी, 2013 को फैसला सुनाया। अपने फैसले में जज ने टिप्पणी की कि आरोपी ने 14 वर्षीय भतीजी का विश्वास तोड़ा है और इस जघन्य अपराध के लिए उसे मौत की सजा मिलनी चाहिए।

एक दिन पहले ही इसी अदालत में एक दूसरे मामले की सुनवाई हुई थी। इसमें एक शिक्षक, जिसकी एक महीने बाद शादी होने वाली थी, अपनी भावी पत्नी को घुमाने ले गया और उसके साथ शारीरिक संबंध बनाने की कोशिश की। लड़की के मना करने पर उसने चाकू से उसे मारने की कोशिश की और सुनसान इलाके में उसे अकेला छोड़कर चला गया। लड़की घायल थी और उसके शरीर से खून बह रहा था, लेकिन वह बच गई। इस मामले में जज ने टिप्पणी की कि शिक्षक का दायित्व युवा पीढ़ी

को नया रास्ता दिखाना होता है, लेकिन आरोपी ने न केवल जघन्य अपराध किया है बल्कि अपनी होने वाली पत्नी के साथ अभद्र व्यवहार किया है। इसके लिए उसे माफ नहीं किया जा सकता और उसे आजीवन कारावास की सजा सुनाई। दोनों पीड़ित परिवारों का कहना था कि न्यायमूर्ति वीरेंद्र कुमार पांडे ने मामले की जल्दी सुनवाई और त्वरित फैसला सुनाकर उनके प्रति दया दिखाई है।

दूसरी कहानी : मुझे नहीं पता कि आप में से कितने लोगों को मदर टेरेसा का बायाँ पाँव देखने का मौका मिला था। उनके बाएँ पैर का अगला हिस्सा विकृत था। उसमें गाँठें पड़ी हुई थीं और उँगलियाँ गलत दिशा में मुड़ी हुई थीं। क्या यह समस्या जन्मजात थी, किसी दुर्घटना का नतीजा थी या फिर किसी बीमारी के कारण ऐसा हुआ था। इनमें से कोई भी इसका कारण नहीं था। मदर टेरेसा जिस संस्था के लिए काम करती थीं, उसके पास जरूरतमंदों के बीच बाँटने के लिए पुराने जूतों का जखीरा आता था। मदर टेरेसा इस जखीरे में जो सबसे खराब जूता होता था, उसे अपने लिए चुनती थीं। जूते उनके पैरों में कितने भी बेतरतीब क्यों न हों, लेकिन वह अपने लिए वही रखती थीं। उनके ऐसा करने का कारण क्या था? दरअसल, वे जिनकी भलाई के लिए काम करती थीं और जिन्हें बेइंतहा प्यार करती थीं, उन्हें यथासंभव बेहतर चीजें उपलब्ध कराना चाहती थीं। वे चाहती थीं कि उन्हें खराब में से भी सबसे अच्छा मिले, न कि खराब में सबसे खराब। कई सालों तक लगातार ऐसा करने से उनके पैर विकृत हो गए। इस तरह दूसरों के लिए प्यार और करुणा दिखाते हुए उन्होंने खुद को अपंग बना लिया।

तीसरी कहानी : एक दिन कुछ लोग अपने गुरु के पास जमा हुए और पूछा कि इस दुनिया में जहाँ कुछ भी स्थायी नहीं है, जहाँ आप अपनी बनाई, खरीदी एवं सहेजी हुई चीजों की भी रक्षा नहीं कर सकते, आप खुश कैसे रह सकते हैं। हम सभी जानते हैं कि भगवान् के बनाए इस जीवन पर हमारा कोई नियंत्रण नहीं है, लेकिन कम-से-कम हमारी सांसारिक संपत्तियों पर कुछ तो नियंत्रण होना चाहिए। गुरु ने एक गिलास उठाया और उन्हें दिखाते हुए कहा, यह गिलास मुझे किसी दूसरे ने दिया है। यह बड़े

प्यार से मेरे लिए पानी रखता है और सूर्य की रोशनी में चमकता है। लेकिन किसी दिन ऐसा हो सकता है कि हवा इसे नीचे गिरा दे या मेरे हाथों से टकराकर यह नीचे गिर जाए, मुझे पता है यह गिलास पहले से ही टूटा हुआ है। इसलिए मैं इसका खूब मजा लेता हूँ।

फंडा यह है कि दया कुछेक ऐसे शब्दों में शामिल है, जिसके अलग-अलग समयों पर अलग-अलग अर्थ होते हैं। अपने लोगों, काम और कर्तव्यों से जुड़ाव के साथ भौतिक तत्त्वों के प्रति तटस्थता दया का वास्तविक मतलब है। आप कितने दयालु हैं, इसका पता खुद ही कीजिए।

□

कोई भी चीज खुद नहीं मिटती हम उसे मिटाते हैं

जब आप किसी सभागार में मौजूद लोगों को 'अभंग, भगवान् विठोबा, पंढरपुर और सोलापुर' जैसे शब्द बोलते हुए सुनें तो आपके दिमाग में क्या आएगा? आप ठीक समझे—महाराष्ट्र। लेकिन जब आप इन शब्दों को तमिलनाडु के कर्नाटक शैली के संगीत प्रेमियों के बीच सुनें, वह भी चेन्नई में, जहाँ पर यह अपने शुद्धतम रूप में मौजूद है और जहाँ हिंदी पट्टी के प्रति खास लगाव नहीं है तो आपका माथा जरूर ठनकेगा।

पिछले दिनों पोंगल पर्व के अवसर पर आयोजित एक संगीत समारोह में इस तरह के शब्दों को सुनकर मैं भी अचंभित रह गया। यद्यपि मरदानाल्लुर सद्गुरु स्वामी ने तीन सदी पूर्व मराठी अभंग गायन से तमिलों का पहला परिचय कराया था, मगर मौजूदा तमिल बुजुर्गों के बीच इसकी लोकप्रियता को देख मैं अचंभित रह गया। श्रोताओं से खचाखच भरा सभागार बता रहा था कि 300 साल पुरानी संस्कृति यूँ ही किसी को इतना नहीं लुभा सकती। निश्चित तौर पर कोई तो ऐसा था, जो इन कट्टर तमिलों के लिए मराठी को आसान बना रहा था और आखिरकार उस शख्स से मेरी मुलाकात हो गई। यह शख्स थे 56 वर्षीय तुकाराम गणपति, जिनका मूल नाम गणपति मूर्ति है।

वे अपने संगीत कार्यक्रमों में भगवान् विठोबा के स्तुति-गीत अभंग मराठी में गाते हैं और उनका आशय लोगों को तमिल में समझाते हैं। इस तरह उनकी प्रस्तुतियाँ इतनी लोकप्रिय हो गईं कि अब वहाँ के हरेक संगीत सत्र का नियमित हिस्सा बन गई हैं। तमिलनाडु में तिरुनेलवेलि के निकट कडयानाल्लुर नामक एक छोटे से कस्बे में जनमे गणपति ने बारह वर्ष की उम्र में संत तुकाराम समेत अन्य मध्यकालीन मराठी संतों के भक्ति गीतों को सुना। उनके माता-पिता मीनाक्षी अम्मल और वैद्यनाथ अय्यर भी अच्छे भजन गायक थे; उन्होंने गणपति की ललक को देखते हुए तेईस साल की उम्र में उन्हें दो साल के लिए पंढरपुर में अभंग सीखने के लिए भेज दिया।

इसी दौरान गणपति की मुलाकात बाबा महाराज सातरकर से हुई, जिनसे उन्हें काफी कुछ सीखने को मिला। वहाँ से वापसी से पूर्व वे अभंग की सैकड़ों कैसेट्स के अलावा एक अंग्रेजी-मराठी शब्दकोश खरीदना नहीं भूले, ताकि इस भाषा के बारे में और ज्यादा सीख सकें। दो दशक से ज्यादा समय तक महाराष्ट्र में रहे और मराठी भाषा के जानकार विजय वेंकटचलम ने कैसेट में गाए गए अभंग कीर्तनों को उनके लिए अनूदित किया। तमिलनाडु में नामा संकीर्तन (सत्संग) नामक भजन गायन की एक समृद्ध परंपरा है। धीरे-धीरे गणपति के भक्तिसंगीत कार्यक्रमों की ओर लोग आकर्षित होने लगे। वे अभंग कीर्तनों की कुछ तमिल पद्यों के साथ तुलना करते हुए श्रोताओं को इनके बीच का फर्क और बारीकियाँ समझाते।

सन् 2002 में उनकी इस अनूठी मिश्रित रचनाओं को अमेरिका में रहनेवाले कुछ लोगों ने सुना, जिसके बाद उन्हें पेंसिल्वेनिया यूनिवर्सिटी के महाराष्ट्र छात्र संघ द्वारा एक कॉन्सर्ट के लिए आमंत्रित किया गया। यह उनका पहला अमेरिकी दौरा था, जहाँ पर उन्होंने फ्लोरिडा, लॉस एंजिल्स, मियामी और न्यूजर्सी समेत 48 जगहों पर अपनी प्रस्तुतियाँ दीं। आज ऐसा एक भी दक्षिण भारतीय शहर नहीं है, जहाँ उन्हें सुना न जाता हो। वे ज्ञानेश्वर, तुकाराम, नामदेव समेत अन्य संतों की रचनाएँ गाकर सुनाते हैं और अपने 1,500 से ज्यादा शिष्यों को अभंग गायन का प्रशिक्षण दे रहे हैं। अभंग गायन की परंपरा सदियों पुरानी है, जिसे तुकाराम गणपति जैसे कई

लोग न सिर्फ जीवित रखे हुए हैं, वरन् मौजूदा पीढ़ी के बीच इसे लोकप्रिय भी बना रहे हैं।

फंडा यह है कि कुछ भी पुराना नहीं होता, और न ही खुद मरता है। यदि हम किसी प्राचीन परंपरा या आदत को नया जीवन देना चाहते हैं तो हमें सिर्फ यह करना होगा कि हम उसे अपनी मौजूदा आदतों में शामिल कर उनका अभ्यास करें और उन्हें दूसरों के लिहाज से आसान बनाएँ, ताकि वे भी इसे अपना सकें।

□

जिंदगी एक बार मिलती है, इसे भरपूर जीएँ

शंकरलाल गुप्ता उत्तर प्रदेश के बुंदेलखंड इलाके में स्थित चित्रकूट में रहते हैं। सन् 1957 में जन्म के छह महीने बाद ही किसी अज्ञात बीमारी की वजह से उनकी एक आँख की रोशनी चली गई। जब वे तीसरी कक्षा में पढ़ते थे, तभी खेल-खेल में एक पत्थर उनकी दूसरी आँख में आकर लगा, जिससे इसकी भी 60 प्रतिशत रोशनी चली गई। समुचित इलाज न मिलने की वजह से आठवीं कक्षा तक आते-आते उन्हें पूरी तरह दिखना बंद हो गया।

लेकिन उन्होंने पढ़ाई नहीं छोड़ी। वे क्लास के लेक्चर्स को टेपरिकॉर्डर के जरिए रिकॉर्ड करते और घर आकर इन्हें सुनते। मगर उन्हें तब काफी निराशा हुई जब यह पता चला कि बुंदेलखंड इलाके में दृष्टिहीन छात्रों को स्कूल की अंतिम परीक्षा में बैठने देने का कोई प्रावधान नहीं है। हालाँकि वहाँ ऐसे अनेक बच्चे थे, जो अपनी कुपोषित माँओं की वजह से जन्म से ही दृष्टिहीन थे। खैर, किसी तरह शंकरलाल ने दसवीं की परीक्षा पास की और आगे की पढ़ाई के लिए मध्य प्रदेश के इंदौर का रुख किया।

उन्होंने इंदौर के देवी अहिल्याबाई विश्वविद्यालय से अपनी ग्रेजुएशन

व पोस्ट ग्रेजुएशन (एम.ए. हिंदी) की डिग्री हासिल की। इसके साथ-साथ उन्होंने आई.टी.आई. का कोर्स भी किया और ऑल इंडिया कंफेडरेशन ऑफ ब्लाइंड द्वारा आयोजित ऑफिस ट्रेनिंग प्रोग्राम कोर्स में शामिल होने दिल्ली चले गए। इससे उन्हें स्टाफ सेलेक्शन परीक्षा में बैठने में मदद मिली। जिसे क्लियर करने के बाद उन्हें सन् 1988 में दूरसंचार विभाग में नौकरी मिल गई।

अगले छह साल तक उन्होंने अनेक दृष्टिहीन लोगों को दुनिया का सामना करने के लिहाज से प्रशिक्षित किया। हालाँकि शंकरलाल अपने गृहनगर चित्रकूट में दृष्टिहीन लड़कियों की हालत और अपने माता-पिता के अकेलेपन से काफी व्यथित रहते थे। इस वजह से वे वर्ष 1994 में अपना तबादला करवाकर चित्रकूट पहुँचे और वर्ष 1995 में वहाँ 'दृष्टि' नामक एक एन.जी.ओ. शुरू किया। दस साल की कड़ी मेहनत से उन्हें दृष्टिहीन लड़कियों के लिए एक स्कूल खोलने का हौसला मिला। इस आवासीय स्कूल में विभिन्न कक्षाओं में पढ़ने वाली 72 लड़कियाँ हैं। इस स्कूल के लिए उन्हें वर्ष 2008 में राज्य सरकार की ओर से पुरस्कार भी मिला। हालाँकि कोई सरकारी मदद नहीं मिली।

उनके बारे में सबसे अच्छी बात यह है कि दिल्ली से लेकर ऑस्ट्रेलिया तक उनके तमाम नाते-रिश्तेदार व परिचित लोग उनसे प्रेरणा लेते हैं। ऐसा कोई त्योहार नहीं, जिसे उसकी मूल भावना के साथ नहीं मनाया जाता हो। शंकरलाल जन्मदिन वगैरह या त्योहारों पर हमेशा अपने दोस्तों व परिचितों से गिफ्ट इत्यादि देने के बजाय इस एनजीओ के लिए डोनेशन देने के लिए कहते हैं।

वे अपने आसपास के तमाम नि:शक्त लोगों के लिए प्रेरणा का स्रोत हैं। अपनी पूर्णकालिक नौकरी के बावजूद वे इन लड़कियों को प्रशिक्षित करते हुए इस एनजीओ को अच्छी तरह चला रहे हैं। इन दृष्टिहीन लड़कियों को संगीत सिखाने, खेल और योगा इत्यादि का प्रशिक्षण देने के अलावा वे इन्हें जिंदगी को भरपूर तरीके से जीना भी सिखाते हैं। वे यह सुनिश्चित करते हैं कि सभी बच्चे समझ सकें कि खुशी वास्तव में होती क्या है। उनका

मानना है कि जिंदगी भगवान् का दिया ऐसा उपहार है, जो सिर्फ एक बार मिलता है और इसे भरपूर तरीके से जीना चाहिए।

फंडा यह है कि कोई समुचित दृष्टि के बगैर भी गहरी अंतर्दृष्टि रख सकता है। शारीरिक अपंगता सफलता या खुशियों की राह में कोई बाधा नहीं है। इस मायने में हम शंकरलाल जैसे लोगों से सीख सकते हैं कि किस तरह बेहतरीन कॅरियर और खुशियों को एक साथ हासिल किया जाए। आपके जीवन में मकर संक्रांति, वैशाखी और पोंगल जैसे पर्व ढेर सारी खुशियाँ लेकर आएँ।

□

सहानुभूति तलाशने से आपका आत्मसम्मान ही कम होगा

पहली कहानी : 9 जून, 2004 की सुबह रुचिका राजेंद्र दहिकर ने अपने पति को काम पर रवाना किया। हर दिन जब उसके पति काम पर जाते तो वह भगवान् से प्रार्थना करती कि वे शाम को सुरक्षित घर लौट आएँ। ऐसा इसलिए, क्योंकि उसके पति रोज नागपुर में स्थित अपने घर से 75 कि.मी. दूर कोंडा कोसरा नामक जगह पर बैंक ऑफ इंडिया में अपने रूटीन के कामकाज के लिए प्राइवेट टैक्सी से जाते थे, जो लंबी दूरी की सवारियों से ठसाठस भरी रहती।

उस दिन 12 मुसाफिरों से लदी यह मिनी टेंपो नागपुर से कुछ किलोमीटर दूर सामने से आ रहे एक ट्रक से टकरा गई। इस दुर्घटना में छह लोग मारे गए और छह व्यक्ति गंभीर रूप से घायल हुए।

मृतकों व घायलों को तुरंत एक अन्य वाहन से वापस नागपुर के एक अस्पताल पहुँचाया गया, जहाँ घायलों का उपचार शुरू हो गया, जबकि शवों को लापरवाही से मुर्दाघर में पटक दिया गया। तब तक इस दुर्घटना की खबर जंगल की आग की तरह चारों ओर फैल चुकी थी और मृतकों व घायलों के बदहवास परिजनों व रिश्तेदारों का अस्पताल में आना शुरू हो चुका था। पुलिस राजेंद्र की पत्नी रुचिका और उनके साले को मुर्दाघर की ओर ले गई।

राजेंद्र का शरीर अन्य लाशों के नीचे दबा पड़ा था और सिर्फ उनकी उँगलियाँ नजर आ रही थीं। अचानक राजेंद्र के रिश्तेदारों को उनकी उँगलियों में कुछ हरकत नजर आई।

यह देखते ही उन्होंने तुरंत ऊपर पड़ी बाकी लाशों को हटाया और राजेंद्र को स्ट्रेचर पर लिटाकर ऑपरेशन थिएटर की ओर भागे। इसके लिए उनकी पुलिस के साथ थोड़ी तकरार भी हुई। राजेंद्र का तुरंत ऑपरेशन किया गया और उनके चेहरे--से--कम 250 काँच के टुकड़े निकाले गए। 105 दिनों में उनकी तकरीबन 14 सर्जरियाँ हुईं। आखिरकार राजेंद्र वापस अपने पैरों पर खड़े हो गए और नागपुर में अपना कामकाज उसी तरह शुरू कर दिया, मानो उनके साथ कभी कुछ हुआ ही न हो।

दूसरी कहानी : 22 मार्च, 2003 को नागपुर के ही संजय राघाताते को भी महाराष्ट्र में भंडारा के निकट ऐसी ही नियति का शिकार होना पड़ा। गाड़ी में सवार तीन लोगों में से एक की दुर्घटनास्थल पर ही मौत हो गई, जबकि संजय का दायाँ हाथ, दायाँ पैर निचला व जबड़ा बुरी तरह क्षतिग्रस्त हो गया। सिर में दाईं आँख के ऊपरी हिस्से में भी गंभीर चोट आई। संजय अपने दोनों पैर हिला नहीं सकते थे, क्योंकि पैरों की हरकत के लिए जिम्मेदार सियाटिक नर्व टूट गई थी।

उन्हें तीन महीने तक बिस्तर पर रहना पड़ा। इस दौरान उनके कई ऑपरेशन हुए और प्लास्टिक सर्जरी भी की गई। दुर्घटना की वजह से उनकी दाईं आँख की रोशनी चली गई और चेहरे में बाईं ओर किसी तरह का कोई एहसास नहीं है। आज उनका पूरा चेहरा टाइटेनियम प्लेट्स से कवर कर दिया गया है और उनके शरीर में तकरीबन 150 स्क्रू कसे गए हैं। उन्हें ठीक होने में डेढ़ साल का समय लगा। वे नागपुर में ऑक्सफोर्ड स्पीकर्स अकादमी नामक एक प्रशिक्षण संस्था चलाते हैं, जहाँ प्रोफेशनल्स को बॉडी लैंग्वेज, कम्युनिकेशन स्किल समेत अनेक तरह की स्किल्स का प्रशिक्षण दिया जाता है। इसकी लाइफटाइम फीस 6,000 रुपए है, यानी आप यहाँ एक बार रजिस्ट्रेशन करवाकर दो महीने का कोर्स करते हैं और भविष्य में जरूरत पड़ने पर कभी भी आकर रिफ्रेशर कोर्स भी कर सकते हैं।

तीसरी कहानी : दैनिक भास्कर के डॉ. भारत अग्रवाल मई 2005 में श्रीलंका में एक सड़क दुर्घटना का शिकार हो गए। कार में बैठे एक अन्य शख्स की दुर्घटनास्थल पर ही मौत हो गई, जबकि डॉ. अग्रवाल गंभीर रूप से घायल हो गए। मगर आज देश के इस सबसे बड़े मीडिया समूह के एक डायरेक्टर हैं और उनके पास पीछे मुड़कर देखने की तनिक भी फुरसत नहीं है।

फंडा यह है कि यदि आपकी किस्मत में जीना लिखा है तो कैसी भी घातक दुर्घटना आपकी जिंदगी नहीं छीन सकती। मगर यदि आप दुर्घटना के बाद दमदार तरीके से अपनी जिंदगी व कारोबार में वापसी करते हैं तो दूसरों की नजर में आपकी इज्जत और भी बढ़ जाएगी। खुद के लिए सहानुभूति तलाशने से आपका आत्मसम्मान ही कम होगा और लोग आपको बेचारा समझेंगे।

□

जिंदगी को अपने हिसाब से जीते हुए कभी भी कर सकते हैं नई शुरुआत

वह पूर्वी भारत में हिंदुस्तान मोटर्स के एक कर्मचारी थे। उन्हें कार के छोटे-छोटे कलपुर्जों को देखने के लिए हमेशा एक आवर्द्धक लैंस की जरूरत पड़ती थी, इससे ज्यादा की नहीं। लेकिन 56 साल की उम्र में जब वे अपने रिटायरमेंट से महज दो साल दूर थे, पहली बार एक ऐसी चीज के संपर्क में आए, जिसे दूरबीन कहा जाता है। हालाँकि वे इसके बारे में पहले से जानते थे, लेकिन उन्हें कभी इसे इस्तेमाल करने का मौका नहीं मिला था। पंछियों को निहारने की बात उन्हें पहले कभी समझ में नहीं आती थी। उन्होंने अनमने भाव से इस दूरबीन को लिया और खिड़की से बाहर झाँकते हुए पंछियों की दुनिया का दीदार करने लगे। जो शख्स अपने आवर्द्धक लैंस से देखी गई हर चीज को छू सकता था, उसे यकीन नहीं हो रहा था कि वह दूर आसमान में चहकते पंछियों को बगैर छुए इतने करीब से दीदार कर सकता है। आज दस साल बाद राधानाथ पोले पंछियों के दीदार के लिहाज से कलकत्ता बर्डिंग कम्यूनिटी के सबसे विश्वसनीय एकल-व्यक्ति संसाधन हैं। उनके कदम शॉप फ्लोर पर कभी एक जगह रुकते नहीं थे और उन्होंने दूरबीन के रूप में अपने नए साथी के मिलने के बाद भी अपनी लगातार चलने की इस आदत को बरकरार रखा।

हुगली के रघुनाथपुर में रहने वाले राधानाथ रोज सुबह चार घंटे तक टहलते हुए मैदानों की छानबीन करते और जलीय निकायों पर नजर रखते हैं। वे हावड़ा जिले के बोशीपोता और जॉयपुर बिल में अकसर जाते रहते हैं।

वे विधुर हैं और उनका एक बेटा है। वे अकसर बेलुर और दानकुनी जैसे स्टेशनों पर जाते रहते हैं, जहाँ उन्हें येलो-ब्रेस्टेड बंटिंग जैसी दुर्लभ चिड़िया भी कभी-कभार दिख जाती है। वे इनकी तसवीरें इ-मेल पर अपने दोस्तों के साथ साझा भी करते हैं। किसी दुर्लभ पक्षी के दीदार पाना आसान नहीं होता। यह किसी बेहद मुश्किल एग्जाम को महीनों और कभी-कभार सालों की कोशिश के बाद क्लियर कर लेने जैसा है। रोज की इस मेहनत के ऐसे पुरस्कार का ज्यादातर लोगों की नजर में भले ही कोई मायने न हो, लेकिन पक्षी प्रेमियों के लिए तो यह किसी खजाने को खोज लेने जैसा है। इस तरह के पंछियों का आना कभी-कभार ही देखा जाता है, जो हमारे पर्यावरण व जलवायु के बारे में बहुत कुछ कहता है। इनका दीदार न सिर्फ हमारी आँखों को काफी सुकून देता है, वरन् यह इस बात का भी संकेत है कि हम किस तरह अपनी प्रकृति को सहेज रहे हैं।

राधानाथ पोले पंछियों के व्यवहार का रिकॉर्ड रखने के मामले में इतने गंभीर हैं कि वे एक बार तो दो महीने तक एक पेड़ के पास यह देखने के लिए रोज जाते रहे कि किस तरह बाबुई (दर्जिन) चिड़िया अपना घोंसला बनाती है और इसमें अपने बच्चों को रखती है। उनके सहकर्मी व संगी-साथी भी उनके इस काम की बेहद सराहना करते हैं। इतना ही नहीं, उन्हें पेड़-पौधों का भी अच्छा ज्ञान है। उनके लिए बर्ड-वॉचिंग दूसरे कॅरियर के समान है। दोपहर के वक्त वे अकसर प्रकृति संबंधी किताबों से चिपके रहते हैं।

वहीं उनकी शाम अपनी माँ व बेटे के लिए खाना पकाने में गुजरती है। हालाँकि इन सालों में उनकी बढ़ती उम्र ने बर्ड-वॉचिंग संबंधी गतिविधियों को थोड़ा सीमित कर दिया है। पहले वे कभी भी अकेले ही घूमने निकल पड़ते थे। वे अभी अलग-अलग जगहों पर जाते हैं, लेकिन लोगों के साथ समूह में। वे अपनी शर्तों पर ही जिंदगी जीते हैं।

फंडा यह है कि आप उम्र के किसी भी पड़ाव में, किसी भी नए क्षेत्र में अपना दूसरा कॅरियर शुरू कर सकते हैं। इस तरह आपके लिए अपनी शर्तों पर जिंदगी जीने की राह भी प्रशस्त होगी।

□

विपदा में भी आप हो सकते हैं प्रयोगधर्मी

जो लोग प्यार में नाकामी या नौकरी में ठुकराए जाने जैसी छोटी-छोटी बातों के लिए आत्महत्या करने के बारे में सोचने लगते हैं, यह स्टोरी उनकी सोच बदल सकती है। सौरभ कुमार उर्फ छबीला पासवान बिहार की राजधानी पटना के निकट वैशाली जिले के हलैया गाँव में रहनेवाला एक गरीब दलित है। वह भूमिहीन था और कुछ सरकारी मानदंडों के तहत अपने परिवार की गुजर-बसर के लिए जमीन पाने की जद्दोजहद में लगा था। जब स्थानीय असामाजिक तत्त्वों को इसकी भनक लगी तो वे उसे व उसके परिवारवालों के लिए बड़ा खतरा बन गए।

पासवान के मुताबिक उन्होंने तो यहाँ तक धमकी दी थी कि वे उसका नामोनिशान मिटा देंगे। इस धमकी के बाद वह अपने इलाके के इन बाहुबली लोगों के खिलाफ रपट दर्ज कराने कतहरा पुलिस थाने पहुँचा। लेकिन वहाँ पहुँचने पर उसे पहले तो थाने के बाहर घंटों बिठाए रखा गया, उसके बाद उससे कहा गया कि थाना प्रभारी किसी जरूरी सरकारी काम से बाहर गए हैं, सो वह अगले दिन आए। इस तरह उसे रोज किसी बहाने से टाल दिया जाता, लेकिन पासवान ने भी हार नहीं मानी। आखिरकार एक दिन थाना प्रभारी ने

उसकी गाथा सुनने के लिए उसे अंदर बुलाया। उसकी बात सुनने के बाद थाना प्रभारी ने तथाकथित रूप से उससे 1,000 रुपए की रिश्वत माँगी, लेकिन जब उसने कहा कि शिकायत दर्ज कराने के लिए पैसे नहीं लगते तो थाना प्रभारी ने बड़ी ढिठाई से कहा कि यदि वह सरकारी नियमों के प्रति इतना ही कॉन्फिडेंट है तो जाकर कोई कानूनी मदद तलाशे। बाद में जब पासवान ने हाथ जोड़कर विनती करते हुए कहा कि वह 1,000 रुपए नहीं दे सकता तो थाना प्रभारी ने भी उसी अंदाज में जवाब दिया कि वह भी किसी के खिलाफ रपट दर्ज नहीं कर पाएँगे।

पासवान ने थाने से लौटकर अपने परिजनों को वस्तुस्थिति से अवगत कराया। इसके बाद उन सबने कुछ इश्तिहार बनाए और गाँव की सड़कों पर भीख माँगने के लिए निकल पड़े। उसके बीवी-बच्चे भी उसके साथ गाँव के हर कोने में गए। उन्होंने अपने गले में इश्तिहार टाँग रखे थे, जिन पर लिखा था—मुझे कतहरा पुलिस स्टेशन में घूस देने के लिए कुछ रुपए चाहिए, कृपया मेरी मदद करें। उनके इस अनूठे प्रयोगधर्मी कदम ने गाँव के दूसरे लोगों का ध्यान आकर्षित किया और वे भी सरकारी अधिकारियों को घूस देने के लिए भीख माँगने के उसके अभियान के साथ जुड़ गए। पासवान ने मीडिया को दिए एक इंटरव्यू में कहा, "स्थानीय लोगों को लगा कि यह उस भ्रष्ट सिस्टम को बेनकाब करने का अच्छा मौका है, जिसमें छोटे-से-छोटे काम के लिए भी रिश्वत माँगी जाती है।"

1,000 रुपए इकट्ठा करने के बाद वे पोस्ट ऑफिस पहुँचे और 100-100 रुपए के दस पोस्टल ऑर्डर खरीदने के बाद इन्हें एक बंद लिफाफे में एक चिट्ठी के साथ स्पीड पोस्ट के जरिए मुख्यमंत्री को भेज दिया। चिट्ठी में उन्होंने मुख्यमंत्री को संबोधित करते हुए लिखा कि उनके राज्य में अधिकारियों-कर्मचारियों की मुट्ठी गरम किए बगैर कुछ भी काम नहीं होता। उन्होंने मुख्यमंत्री से निवेदन किया कि यह रकम उस भ्रष्ट पुलिस अधिकारी तक पहुँचा दी जाए, जिसने इसकी माँग की थी। अब आप जानना चाहते होंगे कि इस कहानी का क्या अंत हुआ? बॉलीवुड फिल्मों की तरह यहाँ भी बुराई पर अच्छाई की जीत हुई। पासवान जीत गया।

फंडा यह है कि सिस्टम और नियति को दोष देने के बजाय अपने तरीके से इनसे निपटें। यह न सिर्फ आपको शीर्ष पर ले जाएगा, बल्कि कुछ मामलों में यह आपको खूब शोहरत दिलाते हुए दुनिया की नजरों में हीरो भी बना देगा।

□

आपकी शिक्षा को मिले समाज में दोहरा मान

हमारे देश में 13 साल से कम उम्र के बच्चों के साथ बलात्कार के बढ़ते मामले चिंता का विषय हैं। बाल यौन-शोषण के कुल मामलों में से 35.2 प्रतिशत मामले महाराष्ट्र और मध्य प्रदेश में होते हैं। विडंबना यह है कि इसके ज्यादातर आरोपी कानूनी तंत्र की खामियों का फायदा उठाकर बच निकलते हैं। यही कारण है कि पिछले दिनों बाल यौन-उत्पीड़न रोकने संबंधी एक विधेयक संसद् में पारित किया गया।

लेकिन एक 9 वर्षीय बच्ची का मामला बिलकुल अलग है, जिसका महाराष्ट्र के रायगढ़ जिले के मानागाँव में उसके पड़ोसी द्वारा यौन-शोषण किया गया था। यह पीड़ित बच्ची दिमागी रूप से सामान्य नहीं है, अदालतें ऐसे बच्चों की बातों को ज्यादा वजन नहीं देतीं। लेकिन तमाम प्रतिकूलताओं के बावजूद उस केस की सुनवाई हुई और उस पर अत्याचार करने वाले को निचली व उच्च दोनों अदालतों में सजा सुनाई गई। ऐसा इसलिए संभव हुआ, क्योंकि एक प्राइवेट स्कूल की प्राध्यापिका और दिमागी रूप से अविकसित बच्चों की शिक्षा की विशेषज्ञ 36 वर्षीय पूर्णिमा खाडे इस मामले में मदद के लिए आगे आईं और उन्होंने सात साल पहले पुलिस के निवेदन पर उसके साथ मिलकर इस

मामले को सुलझाया। निरंजन यादव (जिसकी उम्र उस वक्त 53 साल थी) को दिमागी रूप से अविकसित और बोलने–सुनने से लाचार उस बालिका के यौन–शोषण के आरोप में गिरफ्तार किया गया था। यहाँ पर मेडिकल रिपोर्ट्स को मैनेज कर लिया गया था, लिहाजा किसी बात की पुष्टि नहीं हो सकी।

यहीं पर पूर्णिमा की एंट्री हुई। पुलिस चाहती थी कि वे उनके साथ मिलकर काम करें और अपनी विशेषज्ञता का इस्तेमाल करते हुए कोर्ट को बताएँ कि पीड़ित बच्ची वास्तव में क्या कहना चाहती है। यह केस 6 जून, 2006 को शुरू हुआ और उस वक्त दस वर्ष की यह बालिका अपनी माँ से चिपकी रहती थी। पूर्णिमा ने कोर्ट से कुछ समय माँगा और बच्ची के साथ घुल–मिल गईं। कोर्ट–रूम में उन्होंने शुरुआत में बच्ची से उसके स्कूल, माता–पिता, खेल, खिलौने, आइसक्रीम जैसे विषयों पर आम सवाल पूछे। आगे चलकर पूर्णिमा ने उसे थोड़ा–थोड़ा कर मुश्किल सवाल पूछे। उन्होंने पूछा कि वह दिन उसके लिए कैसा था, उसने उस दिन क्या पहना था, वह आरोपी के घर में कहाँ बैठी थी और इस तरह धीरे–धीरे वे उससे यौन–उत्पीड़न की जानकारी उगलवाने में कामयाब रहीं; लेकिन जब आरोपी शख्स को जज के सामने लाया गया तो पीड़ित बच्ची गुस्से से बेकाबू हो गई और जोर–जोर से चिल्लाने लगी।

बचाव पक्ष ने पहले कोर्ट में यह साबित कर दिया था कि यह केस फर्जी है, बालिका यूँ ही हिंसक हो जाती है तथा उसका मुवक्किल एक शरीफ आदमी है। लेकिन आखिरकार पूर्णिमा ने कोर्ट में यह साबित कर दिया कि इस तरह के बच्चे झूठ नहीं बोल सकते, क्योंकि वे जानते ही नहीं कि झूठ क्या होता है। इस तरह के लाचार बच्चों के लिए यह असंभव है कि वे खुद को ऐसे झूठ के साथ जोड़ सकें और बार–बार की जटिल पूछताछ प्रक्रिया के दौरान उस पर टिके भी रहें। जनवरी 2007 में सेशन कोर्ट ने आरोपी को दस साल कैद में रहने की सजा दी और बॉम्बे हाईकोर्ट (जहाँ पर आरोपी ने अपील की थी) ने भी सेशन कोर्ट के फैसले को बरकरार रखा। इस केस को तार्किक परिणति तक पहुँचाने के लिए पूर्णिमा पूरे सात वर्षों तक पीड़ित बच्ची के साथ रहीं।

फंडा यह है कि आपकी शिक्षा को समाज में तब दोहरी मान्यता मिलती है, जब इसका इस्तेमाल अपनी आजीविका कमाने के साथ-साथ ऐसे मामलों में भी किया जाता है। यह एक तरह से ग्रेजुएशन सर्टिफिकेट के साथ पोस्ट-ग्रेजुएट डिग्री पाने जैसा है।

□

मुश्किलों के आगे कभी हार न मानें

सहस मेहरा 18 साल का है और उसने हाल में महाराष्ट्र बोर्ड से हायर सेकेंडरी की परीक्षा 65 प्रतिशत अंकों के साथ उत्तीर्ण की। 17 वर्षीय सुदर्शन शेट्टी ने यही परीक्षा 79.33 प्रतिशत अंक लेकर उत्तीर्ण की। 15 साल की दिव्या मधु ने सी.बी.एस.ई. से दसवीं की परीक्षा 84 प्रतिशत अंकों के साथ उत्तीर्ण की। 2 साल पहले 15 साल के रहे राहुल बजाज ने अपनी दसवीं की परीक्षा 97 प्रतिशत अंकों के साथ उत्तीर्ण की थी और महाराष्ट्र में टॉप किया था। अब उसने हायर सेकेंडरी में भी 95 प्रतिशत अंक हासिल कर ऐसी ही स्वर्णिम सफलता हासिल की।

आपस में अनजान इन चारों में अजीब समानता है। सहस ब्लड कैंसर से पीड़ित है, सुदर्शन शेट्टी परीक्षा के पहले दिन ही सड़क दुर्घटना का शिकार हो गया, जिससे उसके फेफड़े क्षतिग्रस्त हो गए। दिव्या मधु को स्पाइनल टी.बी. है। राहुल बजाज को आम इनसान के मुकाबले महज 10 प्रतिशत दिखाई देता है। सहस को पिछले अठारह महीनों से नियमित तौर पर खून चढ़ाया जाता है, जिसके चलते उसे अस्पताल में रहना पड़ता है। दिसंबर 2010 में बोन मैरो ट्रांसप्लांटेशन के बाद वह ग्राफ्ट-वर्सेस-होस्ट (जी.वी.एच.डी.) व्याधि का शिकार हो गया। इसमें नया प्रत्यारोपित मटेरियल ग्राही शरीर पर आक्रमण करता है, जिससे अन्य अंग भी प्रभावित होने लगते

हैं। मेहरा के मामले में उसकी त्वचा पर असर पड़ा, जो झड़ने लगी। लेकिन यह असहनीय दर्दनाक उपचार भी उसकी जीवटता को कम नहीं कर पाया और वह परीक्षाओं की तैयारी पहले की तरह करता रहा।

इस कॉलम में सुदर्शन शेट्टी के बारे में पहले भी लिखा जा चुका है, जब वह अपना पहला पेपर देकर लौट रहा था, उस वक्त एक वॉटर टैंकर की चपेट में आने से बुरी तरह घायल हो गया था। हमने आपको यह भी बताया था कि किस तरह उसने वेंटिलेटर पर रहते हुए आगे के पेपर दिए और इस दौरान डॉक्टरों की एक टीम एंबुलेंस के साथ परीक्षा केंद्र के बाहर खड़ी रहती थी। जब फेफड़े क्षतिग्रस्त होने से उसे साँस लेने में काफी तकलीफ हो रही थी, उस समय उसे पेपर में लिखने के लिए दूसरे व्यक्ति की सेवाएँ भी दी गईं।

दिव्या मधु रीढ़ की हड्डी में टी.बी. की वजह से 15 मिनट से ज्यादा देर तक नहीं बैठ पाती। परीक्षा देते वक्त पहले तो वह क्लासरूम में टहलते हुए वस्तुनिष्ठ सवालों के जवाब लिखती, इसके बाद वह बेंच पर लेटकर विवरणात्मक प्रश्नों के जवाब लिखती। उसकी बीमारी को देखते हुए उसे परीक्षा में अलग से एक कक्ष उपलब्ध कराया गया, जिसमें लेटने की व्यवस्था भी थी, ताकि जब भी उसे दर्द होने लगे तो वह लेटकर प्रश्नपत्र हल कर सके। इस दृढ़ता के बल पर उसने 94 प्रतिशत अंक हासिल किए।

राहुल जन्म से ही दृष्टिबाधिता का शिकार है। उसके जीवन में कई चुनौतियाँ हैं और उसे अध्ययन सामग्री को पढ़ने के लिए अतिरिक्त प्रयास करने पड़ते हैं। परीक्षा के दौरान उसके लिए यह सुनिश्चित करना भी मुश्किल हो रहा था कि वह जो बोले, लिखने वाला ठीक वही लिखे, क्योंकि वह देख नहीं सकता था कि लिखने वाला क्या लिख रहा है।

उपर्युक्त मामले उन यंगस्टर्स से जुड़े उदाहरण हैं, जिन्होंने कभी हार नहीं मानी। हालाँकि हम नहीं जानते कि इन नतीजों के बाद वे क्या करेंगे, क्योंकि वे चारों अपनी बीमारियों या जैविक व्याधियों से जूझ रहे हैं।

फंडा यह है कि यदि आप वास्तव में तमाम तरह की मुश्किलों से पार पाना चाहते हैं तो आपके मन में कभी भी हारने का खयाल नहीं आना चाहिए। यदि ये किशोरवय छात्र, जो किसी हद तक लाचार हैं, अपने लक्ष्य को हासिल कर सकते हैं तो हम जैसे सामान्य इनसानों के लिए अपने सपनों को साकार करना और भी आसान है।

□

सिद्धांतों की दुहाई न दें, बल्कि अमल में लाएँ

गरमी के मौसम में एक दिन शाम के समय मोनिका राठौर नामक बालिका (जिसकी उम्र लगभग 9 साल होगी) ने बिल्डिंग के फर्स्ट फ्लोर पर स्थित अपने घर की पिछली बालकनी से देखा कि एक बुजुर्ग सज्जन साथ वाली बिल्डिंग की दीवार से टिके हुए सुस्ता रहे हैं। वे काफी थके हुए लग रहे थे। उसी समय उसके दरवाजे की घंटी बजी। नन्ही मोनिका दरवाजा खोलने के लिए भागी और दरवाजे को चेन तक थोड़ा सा खोलकर (जैसा उसे सिखाया गया था) बाहर देखा। वहाँ पर एक युवा खड़ा था, जो दिखने में गरीब लग रहा था। उसके पास बेहतरीन सेबों से भरा एक टोकरा था, जिसे उसने फर्श पर रख रखा था। उसने बच्ची से पूछा, "क्या तुम्हारे पापा घर पर हैं?" "हाँ एक मिनट··· बाऽऽऽबाऽऽऽ··· कोई आपसे मिलने आया है।" यह कहते हुए बच्ची वापस खेलने चली गई।

थोड़ी देर बाद मुख्य द्वार के करीब से लगातार आती आवाजों को सुनकर वह बच्ची अपने हाथ में एक गुड़िया दबाए उत्सुकतावश वहाँ आई और उसने देखा कि करबद्ध मुद्रा में खड़ा वह बुजुर्ग शख्स कह रहा था— "सर प्लीज, मेरी ओर से यह भेंट स्वीकार करें। मेरे बेटे को आपकी वजह

से नौकरी मिली है।'' उसका युवा बेटा उसके बाजू में खड़ा था। ''मैंने कुछ नहीं किया, आपके बेटे को नौकरी इसलिए मिली, क्योंकि वह इस लायक है।'' उस बच्ची के बाबा ने जवाब दिया।

तभी उस नन्ही सी बच्ची को देख बुजुर्ग व्यक्ति बोला, ''ओके, लेकिन आप कम-से-कम अपने बच्चों के लिए तो इन्हें ले ही सकते हैं। मेरे अपने बच्चों को कभी ऐसे फल नसीब नहीं हुए, लेकिन आभारस्वरूप मैं इन्हें आपके व आपके परिजनों के लिए लाया हूँ।'' अब तक उस बच्ची के बाबा के चेहरे पर क्रोध झलकने लगा था। उन्होंने नाराजगी भरे स्वर में कहा, ''इससे पहले कि मैं अपना आपा खो बैठूँ। आपके लिए बेहतर यही होगा कि आप इन सेबों को ले जाकर अपने बच्चों को खिलाएँ। इतना काफी होगा।'' यह सुनकर वे दोनों चुपचाप वहाँ से लौट गए।

मुंबई में मिड स्पेस की एक कर्मचारी श्रिया शेनॉय ने अपने पिता से जुड़ा एक संस्मरण सुनाया। उनके पास आमों से भरा बक्सा उपहार में आया था और लाने वाला था, उनका एक आभारी कर्मचारी। श्रिया के पिता ने उसे साथ बिठाकर चाय पिलाई, बक्से से एक आम उठाया और अपनी पत्नी को बुलाकर उसे चार हिस्सों में काटकर लाने के लिए कहा। थोड़ी देर बाद उनकी पत्नी उस आम की चार फाँकें और उसकी गुठली अलग से लेकर आईं। सीनियर शिनॉय ने गुठली उठाई और अपने पालतू कुत्ते की ओर बढ़ा दी और आम की एक-एक फाँक श्रिया और उसकी माँ को दी एक फाँक उस कर्मचारी को दी और आखिरी फाँक खुद खाई। आम खाकर उन्होंने हाथ पोंछे और आम का बक्सा उठाकर उस कर्मचारी के हाथों में देते हुए कहा, ''तुम्हारे इस प्यार का मैं सम्मान करता हूँ, लेकिन मैं इससे ज्यादा कुछ नहीं ले सकता।'' फिलहाल नई दिल्ली में रह रही अवंति नंदकुमार बताती हैं कि तमिलनाडु के धर्मपुरी में फॉरेस्ट कमिश्नर रहे उनके ससुर ने एक सिद्धांत बना रखा था कि उनके सरकारी आवास में कोई भी बाहरी शख्स अपने साथ कुछ लेकर नहीं आएगा। यहाँ तक कि उनके पर्सनल बैग भी सिक्योरिटी केबिन में रखवा लिये जाते थे और सिर्फ फाइलें ही घर के अंदर आ सकती थीं।

फंडा यह है कि यदि आप अपने जीवन में सिद्धांत रूपी कोई छोटी सी भी आदत अपनाते हैं, तो इसका आने वाली पीढ़ी पर गहरा असर पड़ता है। वह पीढ़ी इसे हमेशा याद रखती है और आज के इस दौर में भी जब फेवर पाने के लिए गिफ्ट्स का लेन-देन आम हो गया है। इन सिद्धांतों को कुछ हद तक अपनाने की कोशिश करती है।

□

तलाक से उबारने की भी हों प्रदर्शनियाँ

यदि आपका तलाक हो जाए या आप किसी काम में नाकाम रहें तो आप क्या करेंगे? कुछ लोग खोह में जाकर अकेले बैठ सकते हैं, कुछ लोग हताशा में शराब का सहारा ले सकते हैं, तो कुछ लोग गहरे अवसाद में जा सकते हैं, लेकिन यदि आपके दिल व दिमाग में जरा सी भी सकारात्मक आग है तो आप इसी विषय पर उन लोगों के लिए प्रदर्शनी आयोजित कर सकते हैं, जिन्हें आपके जैसी नियति को झेलना पड़ा।

अमेरिका में इस साल ठीक यही हुआ। एक माँ-बेटी (जिन्हें अपने जीवन में तलाक के बेहद बुरे दौर से गुजरना पड़ा) की जोड़ी ने वहाँ एक प्रदर्शनी की शुरुआत की, जिसे उन्होंने नाम दिया 'स्टार्ट ओवर स्मार्ट'। इसका मतलब है कि आप नए सिरे से अपनी जिंदगी शुरू कर सकते हैं और तलाक की वजह से इसमें कोई रुकावट नहीं आनी चाहिए।

गौरतलब है कि 'तलाक' जैसे शब्द के साथ एक तरह के सामाजिक कलंक का भाव जुड़ा है। यह व्यक्तिगत व आर्थिक बरबादी का अग्रदूत भी है। बढ़ती उम्र के लोगों के प्रति समाज की असंवेदनशीलता के साथ वकीलों का खर्चा, प्रॉपर्टी व बच्चों की कस्टडी के लिए अदालती लड़ाई जैसी चीजें कई लोगों को भारी कर्ज में धकेल देती हैं।

तो आखिर उनकी प्रदर्शनी में ऐसा क्या है? उन्होंने पहला काम यह किया कि 'तलाक' जैसे शब्द को 'सकारात्मक अनुभव' की तरह स्थापित कर

दिया। वे इसे एक 'नई शुरुआत' कहती हैं। वहाँ पर 'डिवोर्स केक' व 'डिवोर्स रिंग' के स्टॉल्स लगे हैं। उस प्रदर्शनी में स्टॉल लगाने वाली वॉक-इन एजेंसियाँ आपकी किसी के साथ त्वरित डेटिंग में मदद करेंगी, ताकि आप अपने कड़वे अतीत को जल्द-से-जल्द भुला सकें। वहाँ पूरे दिन 'सेंसुअलिटी सीक्रेट्स' और 'पूर्व पति द्वारा आपको कॉल करने पर आप उसके साथ कैसे पेश आएँ' जैसे विषयों पर सेमिनार चलते रहते हैं। सेमिनार के कुछ दिलचस्प विषयों में 'प्लास्टिक सर्जरी' और 'अपनी छवि का पुनर्निर्माण' जैसे विषय शामिल हैं। इसमें सिखाया जाता है कि 'तलाक पार्टियाँ' या 'फ्रीडम बैश' कैसे मनाए जाएँ। इस एक्सपो में स्पा, मैनिक्युरिस्ट, नेल स्पेशलिस्ट, एक्युपंक्चरिस्ट और योग विशेषज्ञों के अलावा खूबसूरत लोकेशनों व समुद्रतटों पर ट्रिप के प्लान भी मौजूद हैं। इसके बड़े हिस्से में मेकओवर काउंटर, प्लास्टिक सर्जन, रिंकल (झुरियाँ) सर्जन, स्किन-केयर स्पेशलिस्ट तथा डाइट ऐंड वेट लॉस स्पेशलिस्ट इत्यादि काबिज हैं। वेडिंग कलाई बैंड की जगह स्पेशल डिवोर्स कलाई बैंड प्रदर्शित करने वाले स्टॉल भी हैं।

दरअसल, इस प्रदर्शनी के आयोजन की मुख्य वजह यह है कि इस माँ-बेटी की जोड़ी को लगता है कि ऐसे कई लोग हैं, जो तलाक की त्रासदी से गुजरे हैं या जिनके जीवनसाथी स्वर्ग सिधार चुके हैं। ऐसे लोग यह जानना चाहते हैं कि जीवन को नए सिरे से दोबारा कैसे सँवारा जाए। इस तरह की पहली प्रदर्शनी पेरिस में सन् 2010 में आयोजित की गई थी। उसी से प्रेरणा लेकर फ्रेंसीन बारस व उनकी बेटी निकोल बारस फेयुर ने इस साल अमेरिका में यह प्रदर्शनी शुरू की है।

फंडा यह है कि तलाक जैसे नकारात्मक शब्द को भी एक ऐसी इंडस्ट्री में तब्दील किया जा सकता है, जिसका वेकेशन इंडस्ट्री, ब्यूटी प्रोडक्ट इंडस्ट्री व पार्टी इंडस्ट्री भी हिस्सा बनते हुए लोगों को एक बार फिर नए सिरे से अपना जीवन सँवारने का मौका दे सकती हैं। इससे सबसे बड़ा सबक यह लिया जा सकता है कि जिंदगी एक बार मिलती है, इसे अपने जीवन से जुड़े कुछ दुःखद पहलुओं के अँधेरों में डूबने न दें।

□

इंक्रीमेंट के माह नाखुश क्यों रहते हैं कर्मचारी?

प्रेरणा की माँ कर्नाटक में मेरे एक रिश्तेदार के यहाँ नौकरानी है। दो हफ्ते पहले मुझे उस रिश्तेदार ने फोन कर कहा कि मैं उस रोज शाम को एक कन्नड़ चैनल पर प्रसारित होने वाले एक कार्यक्रम को जरूर देखूँ, जिसमें उनकी नौकरानी की बेटी आने वाली है। वे चाहते थे कि मैं इस बारे में अपनी राय दूँ। मैंने इसके लिए हामी भर दी। यह दो बहनों की कहानी है। इसे के.बी.सी. के कन्नड़ संस्करण (जिसे कन्नड़ सिनेमा के सितारे पुनीत राजकुमार होस्ट कर रहे हैं) के एक एपिसोड में दिखाया गया। उसमें प्रेरणा (जिसकी उम्र लगभग 24 साल होगी।) हॉट सीट पर पहुँची। शुरुआत में उसके परिवार के बारे में दिखाया गया। गरीब परिवार में जनमी प्रेरणा तीन बेटियों में दूसरे नंबर की है और उसका सबसे छोटा एक भाई है। उसके पिता शुरू में बेटा चाहते थे और जब लगातार बेटियाँ पैदा हुईं तो उन्होंने परिवार पर गुस्सा उतारना शुरू कर दिया। तीसरी बेटी के जन्म के बाद तो वह इतने खफा हो गए कि उन्होंने एक दिन उस नन्ही सी जान को दीवार पर दे मारा। इससे उस बच्ची का मस्तिष्क क्षतिग्रस्त हो गया।

परिवार को उसके इलाज व दवाइयों पर काफी खर्च करना पड़ा और

आज भी करना पड़ रहा है। अब वह 20 साल की हो चुकी है, लेकिन दिमाग अभी भी अल्प विकसित है। विडंबना देखिए कि चौथे बच्चे के रूप में एक लड़का पैदा होने के बावजूद उसके पिता ने उन्हें उनके हाल पर छोड़ दिया। शो में इस परिवार की दूसरी बेटी हॉट सीट पर पहुँची थी। हालाँकि तमाम दिक्कतों के बावजूद उसने ग्रेजुएशन तो किसी तरह पूरा कर लिया, लेकिन उसके पास इतने पैसे नहीं थे कि वह कॉलेज से अपना डिग्री सर्टिफिकेट ले सके। चैनल वालों ने यूनिवर्सिटी से उसका सर्टिफिकेट निकलवाकर कार्यक्रम के दौरान उसे एक सरप्राइज के तौर पर सौंपा।

उस एपिसोड में उसकी माँ व मानसिक तौर पर निःशक्त छोटी बहन दर्शक दीर्घा में बैठी थी। प्रेरणा इस गेम शो में दूसरे पड़ाव तक पहुँचते हुए 3.20 लाख रुपए जीतने में सफल रही। दर्शकों की वाहवाही के बाद पुनीत ने दर्शक दीर्घा में बैठी उसकी छोटी बहन, जिसका सिर उसके पिता ने दीवार पर दे मारा था, से पूछा कि प्रेरणा ने एक बड़ी धनराशि जीती है, लिहाजा वह उससे क्या पाना चाहेगी? उसने बड़ी मासूमियत से जवाब दिया, ''मैं उससे एक चॉकलेट लूँगी।'' मेरा यकीन करें, मैंने सिंगल स्क्रीन पर एक साथ इतनी ज्यादा नम आँखें कभी नहीं देखीं और यहाँ तक कि इस दृश्य को देखकर मेरे कमरे में भी कुछ लोगों की आँखें डबडबा आई थीं। मैं सोचने लगा कि यदि ऐसी स्थिति में मैं होता तो क्या माँगता। संभवतः यही कि मुझे आई-फोन 4 की जगह आई-फोन 4 एस मिल जाए या फिर कुछ ज्यादा नहीं तो हाईब्रिड साइकिल ही मिल जाए। ऐसे प्रसंग एक झटके में हमें जमीन पर ले आते हैं और हमें संतुष्टि का आशय समझाते हैं।

गैलप द्वारा 'संतुष्टि' पर हाल ही में किए गए एक सर्वे में भारत की स्थिति खराब पाई गई। इस सर्वे में भारतीयों में संतुष्टि के गिरते स्तर के पीछे अनेक कारण गिनाए गए। इसकी विस्तृत रिपोर्ट में एक जगह पर कहा गया कि कर्मचारी अमूमन उस महीने में ज्यादा नाखुश रहते हैं, जब इंक्रीमेंट्स होते हैं और ज्यादातर कंपनियों में यह अप्रैल या मई का महीना होता है। हो सकता है कि कर्मचारी ज्यादा-से-ज्यादा की उम्मीद करें और

नियोक्ता विभिन्न कारणों (जिनके बारे में वही बेहतर बता सकते हैं) से उन्हें पूरा करने की स्थिति में न हों, लेकिन सच यही है कि उच्च अपेक्षाएँ नाखुशी नामक एक पैकेज के साथ ही आती हैं।

फंडा यह है कि आप इसे सनातन सच कह सकते हैं—खुशी वहीं होती है, जहाँ पर कोई अपेक्षा न हो।

□

चुराएँ खुशियों के छोटे-छोटे से पल

कुछ समय पहले जब मैं गंभीर फूड प्वॉइजनिंग के चलते एक महीने तक बिस्तर पर था, तब मैंने देखा कि कबूतर का एक जोड़ा मेरे बेडरूम की बालकनी में अपना घोंसला बनाने की जुगत में लगा है। चूँकि उस वक्त मेरे पास किताबें पढ़ने और टी.वी. देखने के अलावा कुछ और काम नहीं था, लिहाजा मैंने जीवन के बारे में ऐसा कुछ देखा, जिसे हममें से कई लोग व्यस्त जिंदगी में भूलते जा रहे हैं। इसकी शुरुआत छोटे–छोटे तिनकों से हुई, जिन्हें गोलाकार तरीके से जमाया जा रहा था और जाहिर तौर पर इसमें भी एक खूबसूरती थी। कुछ दिन बाद मुझे घोंसले में दो अंडे नजर आए। तब तक उस घोंसले में थोड़ी–बहुत कतरनें, धागे, पंख, यहाँ तक कि एक रीफिल भी पहुँच चुकी थी। उनके प्रति थोड़ी हमदर्दी रखते हुए मैंने एक पुराना मुलायम दुपट्टा बिछाने के बाद घोंसले को सावधानीपूर्वक उठाकर उसमें रख दिया। उस वक्त कबूतर–कबूतरी संभवतः भोजन की तलाश में बाहर गए हुए थे। हालाँकि मुझे चेताया गया था कि ऐसा करने पर पक्षियों को झटका लग सकता है और हो सकता है कि वे वापस न लौटे।

इसके अलावा मेरे परिजनों समेत घर में आने वाले लोगों ने मुझे चेताया कि ये कबूतर उत्पाती होते हैं। इस कारण आनेवाले दिनों में मेरे लिए बड़ा सिरदर्द साबित हो सकते हैं। लेकिन मैं उन अंडों को बाहर फेंकने की हिम्मत नहीं जुटा पाया। जल्द ही उन अंडों में से दो प्यारे–प्यारे चूजे निकल आए।

इसके बाद कबूतर का जोड़ा नियमित वहाँ आता और मैं खिड़की से उन्हें अपने चूजों की नन्ही चोंच में खाना डालते हुए देखता। इस दौरान वे चूजे लगातार 'चूँ-चूँ' करते रहते। यह बहुत प्यारा व दिल को छू लेने वाला नजारा होता। धीरे-धीरे चूजे थोड़े बड़े हो गए। अब वे और भी सुंदर दिखने लगे और घोंसले से उछलकर बाहर भी निकल आते। बाहर निकलकर वे खुद को थोड़ा हिलाते-डुलाते, आसपास नजर दौड़ाते और बिल्डिंग के दसवें माले से बाहरी दुनिया का नजारा लेते। मेरे लिए परदे के पीछे छिपकर चुपचाप उन्हें देखते रहना समय गुजारने का अच्छा जरिया था। मैंने देखा कि वे अब थोड़ा-बहुत फुदकने भी लगे थे। उनकी 'चीं-चीं, चूँ-चूँ' बराबर चलती रहती। मेरी आहट सुनते ही वे जड़वत् हो जाते। मैं चाहता तो उन्हें बाहर निकाल सकता था, लेकिन मैंने ऐसा नहीं किया, क्योंकि तब तक उनका पूरी तरह विकास नहीं हुआ था।

लेकिन वे बहुत गंदगी फैलाते। मैं नहीं जानता कि वे क्या खाते थे, लेकिन उस बालकनी पर खाने की इतनी चीजें बिखरी रहतीं, जिसे देखकर लगता कि कबूतरों ने वहाँ पूरे दिन पार्टी मनाई होगी। मेरे परिवार ने मुझे उनकी बदबू के प्रति चेताया, लेकिन मैं फिर भी उस नन्हे से प्यारे पक्षियों के साथ खड़ा रहता। जल्द ही वे फुदकते हुए बालकनी की ग्रिल तक आने लगे और फुदककर उस पर चढ़ जाते। इस दौरान उनके माता-पिता उनका पेट भरने के लिए वहाँ आते रहे और एक दिन वे वहाँ से उड़ गए। उनके जाने के बाद बालकनी को अच्छे से साफ किया गया। तब तक मैं भी स्वस्थ हो गया था। बालकनी को घंटों रगड़-रगड़कर साफ करने वाले नौकर का कहना था, ''मुझे कोई आश्चर्य नहीं होगा, अगर नन्हे कबूतर वहाँ आकर चहचहाते हुए शुक्रिया अदा करें।''

फंडा यह है कि हमारी महानगरीय जीवनशैली ने बहुत पहले ही हमसे छोटी-छोटी खुशियों के पल छीन लिये हैं। मेरे खयाल से यदि आप ठान लें तो इसे अपनी जिंदगी में वापस ला सकते हैं। खुशियों के ये छोटे-छोटे पल तनावपूर्ण जिंदगी में हमें काफी सुकून दे सकते हैं।

□

लीकेज रोक मजबूत बनाएँ बॉटम लाइन

भावेश पटेल की उम्र 48 साल है और वे पेशे से शेयर ब्रोकर हैं। 43 वर्षीय नीना उनकी पत्नी हैं। उनकी शादी को बीस साल से ज्यादा हो चुके हैं और उनके दो किशोरवय बच्चे भी हैं। इसके बावजूद उनके बीच आए दिन लड़ाई-झगड़े होते रहते थे। इस वजह से उनका पारिवारिक जीवन पूरी तरह बरबाद हो चुका था और बच्चे भी कई बार कोई प्रोजेक्ट पूरा करने या कॉलेज के साथियों के साथ ग्रुप स्टडी का बहाना बनाकर घर आने से कतराते थे। आलम यह था कि नीना को किचन में जो भी मिलता वह उससे भावेश को पीटने लगती। यह आश्चर्यजनक नहीं है, क्योंकि कुछ महीने पहले तक भावेश भी यही सब करता था। दरअसल, नीना को लगता था कि भावेश का किसी के साथ अफेयर है। यही उनके बीच विवाद की मूल वजह थी। बीते चार साल से उनका रिश्ता लड़खड़ा रहा था और बीते तीन महीने तक दोनों के संबंधों में तनाव का चरम आलम बरकरार रहा।

हालाँकि पिछले हफ्ते यह सब पूरी तरह खत्म हो गया और दोनों ने आगे हँसी-खुशी रहने का फैसला कर लिया। आखिर पिछले महीने में ऐसा क्या हुआ? मुंबई पुलिस की सोशल सर्विस ब्रांच (एस.एस.बी.) ने उनके बच्चों समेत परिवार के सभी लोगों के साथ दस बार काउंसिलिंग

की। एस.एस.बी. ने जाँच कर आखिरकार नीना के सामने यह साबित कर दिया कि जैसा वह भावेश के बारे में सोचती है, वैसा कुछ भी नहीं है, यानी उसका किसी के साथ कोई अफेयर नहीं है। मुंबई के पश्चिमी उपनगरीय इलाके बोरिवली में रहने वाले इस दंपती को अब उनकी सोसाइटी में एक शालीन जोड़े के रूप में देखा जाता है।

एस.एस.बी. ने अकेले मुंबई शहर में ही 31 मार्च, 2012 तक ऐसे कम-से-कम 425 दंपतियों के झगड़े सुलझाते हुए उन्हें दोबारा एक किया है। उनके समूह में 14 सीनियर और 10 जूनियर अफसर हैं, जिनमें से ज्यादातर महिलाएँ हैं। यह समूह देश की वाणिज्यिक राजधानी मुंबई में घरेलू हिंसा जैसे मामलों को निपटाने का काम भी करता है। इन प्रशिक्षित अधिकारियों के पास झगड़ने वाले दंपतियों की मन:स्थिति को समझने, विवाद के मूल तक पहुँचकर उसे सुलझाने का अनुभव है। उनके इस प्रयास के चलते मुंबई शहर में महिलाओं के खिलाफ होनेवाले अपराधों में गिरावट आई है। इसके अलावा काउंसिलिंग प्राप्त करने वाले सदस्यों के आपसी झगड़े भी बंद हो गए हैं, क्योंकि कहीं-न-कहीं उनके मन में यह भावना है कि कोई उन्हें देख रहा है या उनके लिए मदद मौजूद है। एस.एस.बी. ब्रांच के अधिकारी काउंसिलिंग प्राप्त सदस्यों के साथ समय-समय पर संपर्क करते रहते हैं, ताकि उनके बीच दोबारा लड़ाई-झगड़े की नौबत न आए। अब तो एस.एस.बी. इन दंपतियों को ऐसे दूसरे परेशान परिवारों की मदद के लिए इस्तेमाल करने के बारे में विचार कर रही है।

रोज देश भर के पुलिस स्टेशनों में पत्नी के साथ मार-पिटाई करने, दहेज के लिए सताने जैसे घरेलू कलह के कई मामले दर्ज होते हैं। गृह मंत्रालय के एक अध्ययन के मुताबिक पुलिस थानों का एक तिहाई समय इन घरेलू हिंसा के मामलों में खप जाता है। यदि मुंबई में कार्यरत एस.एस.बी. की तकनीक को दूसरी जगह भी अपनाएँ तो पुलिस की कार्यक्षमता एक तिहाई तक बढ़ सकती है, जिससे उन्हें दूसरे अपराध रोकने में मदद मिलेगी।

फंडा यह है कि किसी भी संस्थान में बड़ी मात्रा में ऊर्जा, पूँजी और श्रमशक्ति का निवेश होता है, लिहाजा वहाँ पर तमाम इनसान, मशीन और सामग्री के लिहाज से रिसाव के क्षेत्र की सही पहचान करना और उस रिसाव को भरने के लिए रणनीति तैयार करना जरूरी है। इससे दूसरे क्षेत्रों की कार्यक्षमता बढ़ाने में भी मदद मिलेगी।

□

स्वस्थ बुजुर्ग आबादी का लाभ उठाएँ

कोई भी उद्यमी ऐसे बुजुर्गों के अनुभव का लाभ नहीं उठा सकता, जो उम्र का सैकड़ा पार कर चुके हैं। लेकिन देश के नौ करोड़ बुजुर्गों में से 7 करोड़ 70 लाख काम करने के लिए तैयार हैं और इनमें से कई तो विभिन्न एजेंसियों के साथ काम कर भी रहे हैं। ये एजेंसियाँ उनके अनुभव का फायदा उठाते हुए अपना कारोबार बढ़ा रही हैं और साथ-ही-साथ उन्हें इस उम्र में भी उत्पादक या अर्थप्रद बने रहने में मदद कर रही हैं।

ये एजेंसियाँ साठ साल से ज्यादा उम्र के अनुभवी लोगों को दुनियावी कार्यों के साथ बौद्धिक कामों में भी तैनात कर रही हैं, जबकि युवा कर्मियों को घूमने-फिरने से संबंधित कार्यों के अलावा ऐसे कार्यों के लिए छोड़ दिया गया है, जो बुजुर्गों के हिसाब से मुफीद नहीं हैं। अगले पाँच साल में भारत के वरिष्ठ नागरिकों की आबादी पाँच साल तक के बच्चों की कुल संख्या से ज्यादा होगी। विश्व स्वास्थ्य संगठन (डब्ल्यू.एच.ओ.) के मुताबिक देश में ऐसा बेहतर स्वास्थ्य सुविधाओं और परिवार के घटते आकार के दोहरे प्रभाव के चलते होगा। डब्ल्यू.एच.ओ. का कहना है कि भारत में बुढ़ापे को जड़ता, दीनता, निरर्थकता और निर्भरता आदि के साथ जोड़ना ठीक नहीं है। सरकार भी बुढ़ापे को सम्मानित बनाने

के लिए एक कानून ला रही है, जिसे कैबिनेट की मंजूरी का इंतजार है। वरिष्ठ नागरिकों के लिए एक राष्ट्रीय नीति तैयार की गई है, जो बुजुर्गों को संस्थागत देखभाल, बीमा और आय की स्थिरता का भरोसा दिलाएगी। यह प्रस्तावित प्रणाली सुनिश्चित करेगी कि बुढ़ापा समाज के लिए बोझ बनकर न रहे।

हमारे अनुभवी वरिष्ठ नागरिक समूह का लाभ उठानेवाली देश की पहली कंपनी टी.सी.एस. (टाटा कंसलटेंसी सर्विसेस) है, जिसने ऐसे अनेक लोगों को नियमित दुनियावी कामों में लगाया है। इन वरिष्ठ नागरिकों को सिक्यूरिटी, डी-बगिंग जैसे क्षेत्रों में नियुक्त किया गया है। इन दोनों कामों के अंतर्गत तमाम क्षेत्रों में नियमित तौर पर बार-बार जाँच करनी होती है कि कहीं कुछ गड़बड़ तो नहीं है। डी-बगिंग सीनियर सिक्युरिटी प्रोफेशनल्स के मध्य तेजी से लोकप्रिय हो रही है। वे रोज सुबह सात बजे उठकर हरेक लोकेशन में स्थित ऑफिस तक जाते हैं और इसके चारों ओर घूमते हुए हाथ में पकड़ी मशीन के जरिए यह पता लगाने की कोशिश करते हैं कि प्रतिस्पर्द्धी कंपनियों या ऑफिस में आने-जाने वाले लोगों द्वारा बीते रोज कोई अवांछित चीज छुपाकर तो नहीं रखी गई है। इस तरह के काम इस बुजुर्ग आबादी को प्रोडक्टिव बनाए रखते हैं और उनके मन में भी यह भाव रहता है कि समाज को उनकी जरूरत है।

भारत में एक अनुमान के मुताबिक 50 लाख वरिष्ठ नागरिक अकेले रहने को मजबूर हैं। साढ़े पाँच करोड़ बुजुर्गों को रोज रात को भूखे पेट सोना पड़ता है। इनमें से 58 प्रतिशत या तो तलाकशुदा हैं या उनके जीवनसाथी की मौत हो चुकी है और इन नौ करोड़ बुजुर्गों में 48.2 प्रतिशत महिलाएँ हैं। इस मामले में तकलीफदेह बात यह है कि देश के 75 प्रतिशत बुजुर्ग ग्रामीण इलाकों में रहते हैं। क्योंकि वे शहरों में युवाओं के साथ दौड़-भाग करने के बजाय अपने गाँवों में सेटल होना ज्यादा पसंद करते हैं। डब्ल्यू.एच.ओ. को लगता है कि राष्ट्रीय नीति में इसका विशेष उल्लेख करते हुए इस समस्या से निपटने के उपाय किए जाएँ।

फंडा यह है कि टी.सी.एस. कंपनी की तरह हमें भी बुजुर्गों के अनुभव का लाभ उठाना चाहिए। इससे बुजुर्गों में उत्पादक होने का एहसास जागेगा और समाज में संतुलन कायम होगा। इसके अलावा इन वरिष्ठ नागरिकों के अनुभव का बेहतर व उत्पादक इस्तेमाल किया जा सकेगा।

□

समझें जीवन से जुड़ी बारीक बातों का मोल

हाल ही में अमेरिका से कैंसर का इलाज कराकर वापस लौटे युवराज सिंह जब गुड़गाँव के एक होटल-कक्ष में अपना पहला पब्लिक एपियरेंस देने और मीडिया को संबोधित करने के लिए दाखिल हुए तो वहाँ मौजूद दर्जनों कैमरों ने उनकी धड़ाधड़ तसवीरें लेना शुरू कर दिया। वहाँ मौजूद तमाम पत्रकार इस अस्वस्थ क्रिकेटर का नजदीकी नजारा पाने के लिए पोजीशन लेने में लगे थे। हालाँकि युवराज ने अपनी जिंदादिली और मजाकिया शैली (जिसमें जरा भी कमी नहीं आई थी) से उन सबको नाउम्मीद ही किया। मीडिया संग 40 मिनट के ऑडियो-विजुअल के दौरान वहाँ एक तरह की शांति, सौम्यता, धैर्य और शालीनता का भाव रहा। यदि आपने युवराज को बारीकी से सुना हो तो पता होगा कि उन्होंने गोभी के पराँठे खाने के बारे में बात की। उन्होंने बताया कि कैसे उन्होंने अपनी माँ से मटर के पराँठे बनाने सीखे, जो इलाज के दौरान उनके साथ रहीं और कभी एक आँसू नहीं टपकाया। उन्होंने बताया कि वह एक किताब लिखना चाहते हैं। उन्होंने यह भी कहा कि वह कैंसर पीड़ित लोगों की मदद करना चाहते हैं।

युवराज ने बताया कि अमेरिका के अस्पताल में इलाज करवाते समय उन्होंने अपने कमरे में टेलीविजन पर कभी क्रिकेट मैच नहीं देखा।

इसके बजाय उन्होंने उन आठ-दस साल के बच्चों से प्रेरणा लेना ज्यादा उचित समझा, जो उनके होटल के बाहर पार्क में जॉगिंग करते थे। उन्होंने कहा, ''कैंसर मेरी जिंदगी से जुड़ी सबसे अच्छी बात भी हो सकती है।'' संभवत: वे लांस आर्मस्ट्रांग की पंक्ति बोल रहे थे। साइक्लिंग लीजेंड लांस आर्मस्ट्रांग की कैंसर के खिलाफ जंग के बारे में काफी कुछ लिखा जा चुका है। युवराज का कहना था कि यह मुश्किल दौर उन्हें बेहतर इनसान बनने में मदद करेगा। इमरान खान और ग्लेन मैक्ग्रा जैसे क्रिकेटरों के पास भी कैंसर के संबंध में अपनी कहानियाँ हैं, जिनकी माँ और पत्नी इस बीमारी का शिकार हुई थीं। युवराज ने उस दिन टेलीविजन पर खुलेआम कहा कि उन्होंने विश्व कप खेलने के लिए अपनी खाँसी को नजरअंदाज किया, जो अच्छी बात नहीं थी। उनका कहना था कि भले ही आप अपनी परफॉर्मेंस को लेकर बहुत दबाव में हों, लेकिन यदि आपका शरीर हलका सा भी कोई इशारा दे रहा है तो कृपया इसे नजरअंदाज न करें। 'यदि आपके साथ कुछ गलत हो रहा है तो उसका डटकर मुकाबला करें। यदि मैं यह कर सकता हूँ तो आप क्यों नहीं!' उस दिन की यही पंचलाइन थी। अमेरिका में इलाज के दौरान हर दिन एक महिला युवराज के कमरे में आकर फूल सजाती थी। वह हमेशा खुश रहती और पूरे दिन मरीजों को भी खुश करने की कोशिश करती। बाद में युवी को पता चला कि वह पिछले दस साल से ब्लड कैंसर से पीड़ित है। वह जिस तरह सकारात्मक नजरिए के साथ अपना जीवन जी रही थी, उससे युवराज भी प्रभावित हुए बगैर नहीं रह सके।

युवी की उस रोज हुई प्रेस कॉन्फ्रेंस से मैंने यह सबक सीखा कि जिंदगी से जुड़ी छोटी-छोटी चीजों को भी पूरी तवज्जो दें। यदि आप छोटी-छोटी चीजों का लुत्फ उठाएँगे तो अपने शरीर में भी छोटे-छोटे बदलावों पर गौर करेंगे। यदि आपको दर्द हो, खाँसी हो या आपने जो खाना अभी खाया है, वह उल्टी के जरिए बाहर निकल जाए तो आप अपनी लापरवाही को पीछे छोड़ते हुए तुरंत अस्पताल जाकर अपनी जाँच कराएँगे। जिस तरह युवी ने अपने डायग्नोसिस को टाला, वैसा आप कतई न करें।

फंडा यह है कि अपने आसपास की छोटी-छोटी चीजों का लुत्फ लेना शुरू कर देंगे तो हो सकता है कि आपकी छोटे-छोटे बदलावों पर गौर करने की यह आदत आपके लिए कभी जीवनरक्षक भी साबित हो जाए।

□

कहीं ज्यादा जुनूनी है आज का युवा

उत्तर प्रदेश में एक गाँव है धुसका, जिसकी आबादी पचास हजार से भी कम है। गाँव में कोई समस्या नहीं है, क्योंकि वहाँ कोई काम ही नहीं है। जरूरत की हर चीज कई-कई कि.मी. दूर पर मिलती है। मसलन, किताब खरीदने के लिए 15 कि.मी. जाना पड़ता है तो सबसे नजदीकी बैंक 10 कि.मी. दूर है। गाँव में महज चार घंटे ही बिजली आती है। सभी को इसकी आदत पड़ चुकी है। इस लिहाज से गाँव में कोई समस्या नहीं है सिवाए एक के। यह समस्या है विकास की; जो दशकों से यहाँ नहीं हुआ है। अब गाँव में युवा आबादी के बढ़ने से सुविधाओं की माँग भी बढ़ रही है। इस कड़ी में तमाम विरोध-प्रदर्शन के बाद अब गाँव को 12 घंटे बिजली मिलने लगी है। हालाँकि मूलभूत जरूरतों के लिए गाँववासियों को आज भी कई किलोमीटर का सफर तय करना पड़ता है।

इसी गाँव से है शैलेष निराला। अपने शुरुआती जीवन के 12 साल गाँव में बिताने के बाद उसे बोकारो (झारखंड) में स्कूली पढ़ाई पूरी करने के लिए स्कॉलरशिप मिली। वहाँ उसने पहली बार कंप्यूटर देखा और वहीं पर अंग्रेजी सीखी। किसान पिता की चार संतानों में सबसे छोटे निराला ने अपनी मेहनत से बैंक असिस्टेंट का काम करते हुए बी.बी.ए. की पढ़ाई पूरी की। फिलहाल वह इंडियन इंस्टीट्यूट ऑफ फॉरेन ट्रेड (आई.आई.एफ.टी.), दिल्ली में एम.बी.ए. कर रहा है। वह अपने गाँव में नवीनतम जानकारी उपलब्ध कराने के लिए एक

इंफॉर्मेशन कियोस्क स्थापित करना चाहता है, जहाँ लोग दुनिया भर के समाचार-पत्र देख सकें, कृषि से जुड़ी जानकारी प्राप्त कर सकें और अपनी यात्रा संबंधी जरूरतों के लिए टिकट बुक करा सकें। उसका एकमात्र उद्देश्य इस गाँव को आधुनिक तकनीक और दुनिया से रूबरू कराना है। इस काम के लिए उसे डेढ़ से दो लाख रुपए की जरूरत थी। इस राशि में कुछ कंप्यूटर, प्रिंटर और इंटरनेट सुविधा जुटाई जा सकती है। लगभग एक पखवाड़ा पहले वह मुंबई में गोदरेज द्वारा आयोजित एक राष्ट्रीय प्रतिस्पर्धा में भाग लेने पहुँचा। देश के बिजनेस स्कूलों से भाग लेने आए 450 छात्रों में से वह एक था। वहाँ उसने डेढ़ लाख रुपए का नकद पुरस्कार जीतने में सफलता प्राप्त की। इस जीत का हकदार बनाने वाले प्रेजेंटेशन में उसने स्पष्ट दरशाया था कि किस तरह वह अपने गाँव के युवाओं को रोजगार से जुड़ी विभिन्न वेबसाइट्स तक पहुँच कराते हुए उनका समसामयिक ज्ञान बढ़ाना चाहता है, ताकि वे उचित रोजगार तलाश कर सकें। पुरस्कार में जीती गई रकम को बैंक में जमा कराने के बाद उसने अगला काम गाँव के लिए ट्रेन का टिकट बुक कराने को कहा।

उसके जज्बे को देखते हुए ग्राम पंचायत ने उसे जमीन मुहैया करा दी है। निराला अपने साथ लाए गए वेबकैम और इंटरनेट कनेक्शन से गाँव को आधुनिक दुनिया के नजदीक लाने का काम कर रहा है। गाँव में एक भाषायी स्कूल खोलने के साथ वह लोगों को इंटरनेट सुविधा के बाबत जागरूक करना चाहता है। इसके जरिए गाँववासी कृषि संबंधी अपनी जिज्ञासाओं को शांत कर सकेंगे। साथ ही वे बाजार भाव के लिहाज से उचित मंडी की तलाश कर अपने उत्पाद की अच्छी कीमत पा सकेंगे। गाँववासी निराला के उद्देश्य के पूरा होने की बाट जोह रहे हैं, ताकि वे भी समग्र देश के साथ विकास के मार्ग पर आगे बढ़ सकें।

फंडा यह है कि अंग्रेजों की दासता से मुक्ति दिलाने के लिए स्वतंत्रता संग्राम में भाग लेने वाले हमारे पूर्वजों की तरह आज की भारतीय युवा पीढ़ी भी जज्बे और जुनून से ओत-प्रोत है। अंतर सिर्फ यह है कि उसकी लड़ाई विकास के लिए है।

□

छोटा शहर या गरीब जैसा कुछ नहीं होता

एक छोटे गाँव से आता है कपिल दवे, जिसकी शिक्षा सरकारी स्कूल में हुई। उसकी आर्थिक स्थिति ऐसी नहीं थी जो वह त्योहारों पर भी नए कपड़े पहन सके। उसकी पैंट पिता की रेलवे की सरकारी यूनिफॉर्म को काटकर बनाई जाती। इस कारण बचपन से ही उसमें हीनभावना आ गई थी। जैसे-जैसे वह बड़ा होता गया, उसके मन में हीनभावना और गहरे पैठ करती गई। यहाँ तक कि जब वह नौकरी करने लगा तो वह उन सभी लोगों से कटा-कटा रहता, जो समाज के मध्य या समृद्ध तबके से आते थे। यह तब था जब उसके सहयोगी उस जैसी शिक्षा-दीक्षा के कारण ही नौकरी में आए थे। अंतर सिर्फ शिक्षण संस्थान का था। कपिल कर्मठ और परिश्रमी था, लेकिन ऑफिस में हमेशा अपने में ही सिमटा रहता। यह देख संस्था के मानव संसाधन विभाग ने कपिल को सेल्फ कॉन्फिडेंस डेवलपमेंट प्रोग्राम में शामिल होने के लिए भेजा।

पहले दिन सेल्फ कॉन्फिडेंस डेवलपमेंट टीम के प्रोत्साहन पर कपिल ने अपने बारे में बताना शुरू किया, ''मेरा जन्म गरीब परिवार में हुआ। मेरी शिक्षा कॉन्वेंट स्कूल में नहीं हुई। मेरे बोलने का लहजा और शारीरिक हाव-भाव समृद्ध या मध्य तबके से आनेवाले लोगों के सामने मुझे हीनता का एहसास कराते हैं। मुझे लगता है कि वे मुझे हेय दृष्टि से देखते हैं। कंपनी में प्रमोशन या किसी कॉम्पिटीशन आदि के दौरान मुझे इस कारण ही नुकसान उठाना पड़ता है।'' यह सुनने के बाद टीम ने उसकी बातों में सुधार लाते हुए उसके

आत्मविश्वास में वृद्धि के लिए काम करना शुरू किया।

टीम ने कपिल से उसकी ही पृष्ठभूमि को नए नजरिए से देखने और स्थितियों को सकारात्मक शब्दों में बयान करने को कहा। इसके मुताबिक, ''मैं सौभाग्यशाली हूँ कि मेरा जन्म साधारण परिवार में हुआ, जहाँ पैसा पानी की तरह नहीं बहता था। पानी तो दूर की बात है, पैसा प्रसाद के रूप में भी हमें प्राप्त नहीं होता था। इस पृष्ठभूमि के कारण मुझे जो अनूठे अनुभव हुए, वह समृद्ध तबके के परिवार में जनमे बच्चों को नसीब नहीं होते हैं। सही है कि इस कारण मुझमें आभिजात्य वर्ग सरीखा आचार-व्यवहार नहीं पनप सका। उनके तौर-तरीके मुझे नहीं मालूम, लेकिन अपने पेशेवर जीवन की शुरुआत के साथ मैं इन्हें भी सीख लूँगा। मैंने पाया कि जब भी मैं आभिजात्य वर्ग के रहन-सहन या जीवनशैली से जुड़ी किसी बात के प्रति अज्ञानता प्रकट करता हूँ तो मेरे सहयोगी तुरंत मदद को आ जाते हैं। इसकी वजह से मुझे अपनी टीम पर गर्व होता है, जो समाज के विभिन्न तबके से आए लोगों से मिलकर बनी है।''

छह माह तक कपिल ने इसके अनुरूप अपने व्यवहार व कामकाज की शैली में परिवर्तन किया। नतीजा चौंकानेवाला रहा। अब कपिल हर मीटिंग या कार्यक्रम में बढ़-चढ़कर हिस्सा लेता। कुछ लोगों को लगता कि कपिल के रूप में उन्हें एक ऐसा काम करने वाला मिल गया है, जो मीटिंग्स और ऑफिस की पार्टी की तैयारियों में बगैर संकोच जुट जाता है। उधर कपिल मानता था कि इस तरह उसे आभिजात्य वर्ग से जुड़े तौर-तरीके सीखने का मौका मिल रहा है। उसके आत्मविश्वास का आलम यह रहा कि सात माह बाद ही कपिल ने वह नौकरी छोड़ एक बड़ी कंपनी ज्वॉइन कर ली, जो कि दिल्ली की एक बड़ी और स्थापित होटल श्रृंखला है।

फंडा यह है कि अपने को दीन-हीन नहीं मानें। किसी गरीब परिवार या गाँव-देहात में जन्म लेने को अवसर की तरह लें, जो जिंदगी का अनूठा अनुभव देता है। अगर आपके पास ज्ञान है, तो आभिजात्य वर्ग की स्टाइल कुछ महीनों में सीखी जा सकती है। कभी न कहें कि आपका जन्म गरीब परिवार या किसी गाँव-देहात में हुआ है।

□

जोश और जुनून का ही दूसरा नाम है जिंदगी

पेंग शुलिन की लंबाई महज 78 से.मी. है, क्योंकि कमर से नीचे उसका कोई अंग ही नहीं है। साधारण शब्दों मे कहें तो वह आधा इनसान है। वह जन्म से ऐसा नहीं था। सन् 1995 में दक्षिणी चीन के शेनझेन में हुई ट्रक दुर्घटना में उसके शरीर का निचला हिस्सा अलग हो गया। हालाँकि चिकित्सकों ने किसी तरह उसे बचा लिया। दुर्घटना के बाद उसके कई ऑपरेशन हुए, ताकि किसी तरह वह जिंदा रहे। आप सोच सकते हैं कि कमर से नीचे का शरीर न होने के बावजूद वह जिंदा रहने की ललक कैसे पैदा कर पाया होगा?

दुर्घटना के बाद लगभग दो वर्ष अस्पताल में गुजारने वाले पेंग की दास्तान उत्कट जिजीविषा की अनूठी मिसाल है। वह अस्पताल में रहते हुए अपनी बाँहों को मजबूत बनाता रहा। दाँतों को ब्रश करने से लेकर हाथों से किए जाने वाले अन्य काम खुद करता रहा। पेंग की इस लाचारी को देखते हुए बीजिंग में स्थित चाइना रिहेबिलिटेशन सेंटर ने उसके लिए एक खास तरह का उपकरण बनाया। आकार में अंडे जैसा यह उपकरण ही पेंग को फिर से चलने में मदद कर रहा है। इस उपकरण के साथ दो कृत्रिम

पैर जुड़े हैं, जो पेंग को चलने में मदद करते हैं। अब उसने अच्छे से चलना सीखकर दुनिया को दाँतों तले उँगली दबाने को मजबूर कर दिया है।

वास्तव में इस अंडाकार उपकरण के पैरों के साथ केबल जुड़ी हुई है। ऐसे में जब एक पैर आगे बढ़ता है तो दूसरा पैर केबल के कारण अपनी जगह पर बना रहता है। कई वर्षों बाद पेंग अपने आधे शरीर के साथ चलकर काफी संतुष्ट और उत्साहित है। अस्पताल प्रबंधन और डॉक्टरों का मानना है कि पेंग अपनी उम्र के स्वस्थ इनसान की तुलना में कहीं ज्यादा फिट है। पेंग की दास्तान में रोचक पहलू यह है कि अस्पताल से बाहर आने के बाद उसने 'हाफ मैन हाफ प्राइज' के नाम से एक स्टोर खोला है। इसे सफलतापूर्वक चलाने और सफल उद्यमी का तमगा हासिल करने के बाद पेंग चीन में शारीरिक रूप से अक्षम लोगों के लिए प्रेरणा बन चुका है। पेंग अपनी खास व्हील चेयर में बैठकर पूरे शहर में समय-समय पर 'शारीरिक अक्षमता से कैसे निपटें' जैसे विषय पर लोगों को व्याख्यान देता है। जीवन के प्रति पेंग का रवैया बेहद सकारात्मक है। और उसे अपनी जिंदगी या किसी और से कोई शिकायत नहीं है। डॉक्टरों का भी कहना है कि हर स्थिति में खुश रहने की पेंग की प्रवृत्ति ने ही उसे टूटने नहीं दिया और आज वह इस विकलांगता के बावजूद अपने काम खुद कर रहा है। पेंग का जीवन विपरीत से विपरीत परिस्थितियों से पार पाने समेत धैर्य व सहनशक्ति के साथ इनसानी जज्बे का जीवंत उदाहरण है। सकारात्मक सोच अपनाकर जिंदगी के प्रति नजरिया बदलने और दृढ़ता के साथ जिंदगी का मुकाबला करने वाले पेंग को इन्हीं गुणों के कारण हम सलाम करते हैं। दृढ़ता और सकारात्मक सोच ने पेंग को आज दूसरों के लिए रोल मॉडल बनाया है। पेंग ने सिद्ध कर दिया है कि अगर सोच सकारात्मक हो तो जीवन में कुछ भी असंभव नहीं है। अगर दृढ़ता और जज्बा है तो किसी भी लक्ष्य को हासिल किया जा सकता है। ऐसा करने से कोई भी आपको नहीं रोक सकता। शारीरिक अक्षमता या किसी तरह की कमजोरी भी नहीं।

फंडा यह है कि जिजीविषा और हर स्थिति में संतुष्ट व खुश रहने की प्रवृत्ति ही इनसान को पूर्णता प्रदान करती है। हम ऐसे कई लोगों से मिलते हैं, जो जिंदगी को लेकर तरह-तरह की शिकायतें करते रहते हैं। उन्हें पेंग शुलिन से सबक लेना चाहिए, जो आधा इनसान होते हुए भी कहीं ज्यादा पूर्ण जिंदगी जी रहा है।

□

लुक पर लोगों का आकलन न करें

यह सन् 1960 के दशक की बात है। उस वक्त मेरे माता-पिता महाराष्ट्र में वर्धा के निकट स्थित सेवाग्राम महात्मा गांधी आश्रम के लिए काम करते थे। चूँकि सेवाग्राम में ज्यादा स्कूल नहीं थे, लिहाजा मैं नागपुर में रहकर पढ़ते हुए वीकेंड पर सड़क या रेलमार्ग के जरिए वहाँ आना-जाना करता था। सफर में मुझे नए-नए लोगों से मिलना अच्छा लगता था। मैं उस वक्त काफी छोटा था, लिहाजा मुझे ऐसी सीट पकड़ा दी जाती जिस पर अमूमन नियमित यात्री बैठने से कतराते। मैं भी अपनी हर यात्रा में रोजमर्रा की गंदगी और रेत-मिट्टी के बीच से इनसानी करुणा के कुछ दाने चुन ही लेता। चीजें हमेशा वैसी नहीं होतीं जैसी लगती हैं। लोग अकसर बाहरी आवरण के पीछे छिपी अच्छाई को प्रदर्शित करते हुए आपको चकित कर देते हैं।

मैं सेवाग्राम से नागपुर लौट रहा था। मैं अमूमन अपने बाजू में बैठे शख्स को परिचय देते हुए बातचीत करने लगता था, लेकिन उस दिन मुझे ऐसा करना ठीक नहीं लगा। मेरे बाजू में बैठा शख्स बाईस-तेईस साल का एक सख्त किस्म का युवक था। उसके पास से सस्ते से आफ्टर शेव लोशन जैसी बू आ रही थी और उसने भारी भरकम जैकेट पहन रखी था, जो शायद फैशन था। संक्षेप में कहूँ तो वह उन गंदे किरदारों की तरह लग रहा था, जिनसे आपकी माँ दूर रहने के लिए चेताती रहती हैं। मैंने उस पर नजर डाली और अपना बैग ऊपर लगेज रैक में रखने के बजाय गोद में ही रख लिया, मानो वह उसे लेकर भाग जाएगा।

मैं बगैर कुछ बोले खिड़की के बाजू वाली सीट में ही दुबक गया। मैं लगातार खिड़की से बाहर देखे जा रहा था, ताकि किसी भी सूरत में हमारी नजरें आपस में न टकराएँ।

हालाँकि वह बातचीत के मूड में था। वह बार-बार मुझसे बातचीत करने की कोशिश करता। उसने मुझसे पूछा कि मैं कहाँ से आ रहा हूँ, क्या मैं नागपुर में ही रहता हूँ या नहीं और खुद अपने काम के बारे में भी बताया। मैंने बड़ी रुखाई से कम शब्दों में उसे जवाब दिया, जिससे मेरी झुँझलाहट साफ जाहिर हो रही थी। आखिर मेरे मूड को भाँपकर वह चुप हो गया। उसी वक्त मुझे नींद आने लगी, चूँकि मुझे अपने बाजू वाले मुसाफिर पर तनिक भी भरोसा नहीं था, लिहाजा मैं खुद को मोड़ते हुए अपनी ही सीट के दायरे में सिमटकर बैठ गया। ठंडी हवा के झोंकों ने जल्द ही मुझे सुला दिया।

थोड़ी देर बाद जब मेरी नींद खुली तो मैंने देखा कि मेरी बाजू वाली सीट खाली थी और मेरा बैग भी गायब था। मैं बहुत परेशान हो गया। तभी पीछे की सीट पर बैठे एक मुसाफिर ने बताया कि मेरे सोते वक्त कुछ बदमाश मेरे हाथ से बैग छीनकर भाग रहे थे। बाजू वाला मुसाफिर तुरंत बाहर दौड़ा और उन गुंडों से लड़ते हुए मेरा बैग वापस ले लिया, लेकिन तब तक ट्रेन चलने लगी थी, लिहाजा वह शख्स दौड़कर पीछे वाली बोगी में चढ़ गया है और अगले स्टेशन पर वह हमारे पास आ जाएगा। उसने मुझे बताया कि वह इस पूरे दृश्य को अपनी खिड़की से देख रहा था। अब मुझे अपने बरताव पर बहुत ग्लानि हो रही थी। जिस शख्स को मैं इतना गलत समझ रहा था, उसने मुझे एहसास दिलाया कि मैंने उसके साथ कितना ओछा बरताव किया। जल्द ही अगला स्टेशन आ गया। वह पीछे से दौड़ता हुआ आया और मुझे मेरा बैग दे दिया। अपना बैग लेते वक्त मेरे पास उससे माफी माँगने के लिए शब्द नहीं थे। मैंने उसका नाम नहीं पूछा और न ही उसने मुझसे मेरा। लेकिन मैं उसे कभी नहीं भूल पाया।

फंडा यह है कि लोगों को पूर्वग्रह के चश्मे से देखना ठीक नहीं है। किसी व्यक्ति के बाहरी लुक के आधार पर उसका आकलन करने के बजाय उसके भीतर झाँकना ज्यादा जरूरी है।

□

दूसरों की नजर से भी परखें हालात

पिछले हफ्ते मैं मुंबई के सबसे नजदीकी हिल स्टेशन मथेरान में एक ट्रिप पर गया था। वहाँ पहाड़ी पर बच्चों की खूब चहल-पहल थी। ऐसी जगहों में सरसरी निगाह से देखने पर किसी को यह बच्चों का बेतरतीब सा समूह लग सकता है, जहाँ पर हर बच्चा अपने-आप में मगन है। लेकिन वास्तव में यह बेहद अनुशासित रेला होता है, जहाँ पर हर बच्चा अपने पीछे वाले बच्चे पर निगाह रखते हुए उसे पहाड़ी पर और आगे तक चढ़ने में मदद या मार्गदर्शन कर रहा होता है। वे पहाड़ी पर मौजूद छोटी-से-छोटी चीजों के बारे में भी बातचीत करते रहते हैं, जिन्हें हम वयस्क अमूमन नजरअंदाज कर देते हैं।

"देखो मम्मी, देखो!" कुछ बच्चों ने उत्साहित होते हुए अपनी माँ से कहा, जो अपनी एक दोस्त से बतियाने में मशगूल थीं। उन बच्चों की आँखें उत्साह से चमक रही थीं। उन्होंने अपनी माँ से कहा, "एक बार देखिए तो सही कि हमने यहाँ से कितनी अनमोल चीजें इकट्ठी की हैं।" माँ ने कहा कि वह इस वक्त अपनी दोस्त से बातचीत में बिजी हैं और उनके 'नायाब संग्रह' को बाद में देख लेंगी। इससे उन बच्चों का मन बुझ गया।

चूँकि मैं भी उनके साथ-साथ चल रहा था, लिहाजा मैंने उनसे कहा कि यदि वे चाहें तो अपने इस नायाब संग्रह को मुझे दिखा सकते हैं, जो उन्होंने पहाड़ पर चढ़ने के दौरान जुटाया है। बच्चे खुशी-खुशी इसके लिए राजी हो

गए। जब मैंने उनके इस खजाने को देखा तो हँसे बगैर नहीं रह सका। यह कुछ रंग-बिरंगी चीजों का संग्रह था, जिसमें तितली का एक टूटा हुआ पंख, गुलमोहर के फूलों की सुर्ख लाल पंखुड़ियाँ, खूबसूरत चमकीले पत्थर, यूकेलिप्टस वृक्ष की छाल के मुड़े हुए टुकड़े, फलियों के कुछ अधखुले बीज, जिनके भीतर काले बीज अब भी मौजूद थे। आम की पत्ती पर रेंगता घोंघा, एक टूटी हुई बेल, बंदूक व त्रिशूल के आकार की छड़ियाँ और किंगफिशर का पंख भी शामिल था। वयस्क होने के नाते मुझे उनके इस संग्रह में कुछ खास नजर नहीं आया। लेकिन मैं जानना चाहता था कि छह-सात साल के बच्चों को आखिर इन चीजों में क्या खासियत नजर आती है। लिहाजा मैंने उनकी मम्मियों से इजाजत लेकर उनसे तकरीबन दस मिनट तक बात की।

उनका कहना था कि उनके इस कोष में तितली का टूटा हुआ पंख दूधिया पत्थर की तरह पतला और इंद्रधनुषी आभा से युक्त है; गुलमोहर के फूल की सुर्ख लाल पत्तियाँ माणिक्य की तरह चमकती हैं, खूबसूरत चमकीले पत्थरों का आकार जहाज और विमान की तरह है; यूकेलिप्टस की मुड़ी हुई छाल चर्मपत्र के रोल की तरह लगती है, अधखुले फलियों के बीज सूर्यास्त में चमकती रक्तमणियों की तरह चमक रहे हैं; घोंघा आम की पत्ती के आर-पार जाने की जी-तोड़ कोशिश कर रहा है, टूटी हुई लता की लंबाई सटीक है, एक छड़ी का आकार बंदूक जैसा है, जबकि दूसरी त्रिशूल की तरह है तथा किंगफिशर पक्षी का पंख गहरे नीले रेशम की तरह चमक रहा है।

उनसे बात कर मुझे एहसास हुआ कि प्रकृति का अद्‌भुत खजाना हर जगह मौजूद है। बस इसे खोजने के लिए आपके पास छह-सात वर्षीय बच्चे जैसी नजर होनी चाहिए।

फंडा यह है कि हमें किसी भी हालात या वस्तु के बारे में कोई ठोस निर्णय लेने से पहले उसे सामने वाले व्यक्ति की नजर से भी देख लेना चाहिए, ताकि यह एक समावेशी निर्णय प्रक्रिया का हिस्सा लगे।

□

फैसला करने से पहले दूसरा पहलू भी देख लें

बचपन में मैं अकसर अपनी माँ के घुटनों पर सिर रखकर सीधा लेट जाता और उन्हें 'एंब्रॉइडरी' करते हुए देखता रहता। हालाँकि नीचे से देखने पर मैं समझ नहीं पाता कि आखिर माँ विभिन्न रंगों के धागों का इस्तेमाल कर कपड़े पर क्या उकेरती रहती हैं। ये धागे नीचे से देखने पर आपस में उलझे हुए नजर आते। खैर, कुछ समय बाद माँ मेरी उलझन को दूर करते हुए कहती, ''आओ, मेरी ओर से इसे देखो।'' मैं यह देखकर दंग रह जाता कि कपड़े पर किसी खूबसूरत फूल या सूर्यास्त जैसे मनोरम दृश्य की आकृति उभर आई है। माँ मुझे समझातीं, नीचे से देखने पर यह काफी खराब और उलझा हुआ दिखता है, लेकिन तुम नहीं जानते कि कपड़े में ऊपर की ओर किसी डिजाइन का पहले ही खाका बना लिया जाता है। मैं तो बस उसी के हिसाब से चलती जाती हूँ।

इसके बाद स्कूल के दिन आए, जहाँ एक पादरी हमें 'नैतिक शास्त्र' पढ़ाते थे, जो हमेशा क्लासरूम में आकर सबसे पहले ब्लैक-बोर्ड पर बड़े-बड़े अक्षरों में लिखते, 'गॉड मुझे देखते हैं, इसलिए मुझे अच्छा होना चाहिए।' एक दिन मैंने क्लास में खड़े होकर भोलेपन से उनसे पूछा, ''फादर

मान लें कि किसी दिन गॉड सो जाएँ या अपनी आँखें मूँद लें तो क्या मैं सिर्फ उस दिन बुरा हो सकता हूँ?'' फादर ने घूरकर देखा और गुस्से को जज्ब करते हुए शांत स्वर में मुझे समझाया कि गॉड कभी नहीं सोते, क्योंकि वे हमें प्यार करते हैं और नहीं चाहते कि हम बुरे बन जाएँ। यह कहने के अलावा उन्होंने मुझसे यह भी कहा कि गॉड के बारे में ऐसी सोच रखना 'पाप' है। लेकिन उन्होंने मुझे यह नहीं समझाया कि 'अच्छा न होना' क्यों 'पाप' है।

बहरहाल, मैं खुद को नास्तिक नहीं कहता, लेकिन कई सालों बाद मुझे एहसास हुआ कि मुझे अच्छा होना चाहिए। यहाँ पर सशर्त 'अच्छा' का कोई सवाल नहीं था और यह सोच तो कतई नहीं थी कि हमें ऐसा इसलिए करना चाहिए, क्योंकि कोई हमें देख रहा है। हमें तो सिर्फ 'अच्छाई' के लिए अच्छा होना है। मैं यह भी समझने लगा कि उन पादरी महाशय के लिए मेरे मन में नैतिक मूल्यों को जगाना कितना कठिन रहा होगा। संभवत: वे बच्चे की उस मासूमियत को नहीं देख पाए, क्योंकि उन्हें लगता था कि पाप का भय दिखाकर ही लोगों को नेकी के रास्ते पर लाया जा सकता है।

इसके बाद कॉलेज के दिन आए। अमिताभ बच्चन हमारे दिनों के हीरो हुआ करते थे और कइयों के लिए तो वे आज भी हीरो हैं। उनकी एक फिल्म आई थी 'आखिरी रास्ता', जिसमें उन्होंने अपराधी पिता और पुलिस इंस्पेक्टर बेटे का दोहरा किरदार निभाया था। जब ये दोनों एक कब्रिस्तान में मिलते हैं, जहाँ पर एक की पत्नी और दूसरे की माँ की कब्र है तो अपराधी पिता अपने इंस्पेक्टर बेटे की जेब से पेन निकालकर अपनी हथेली पर '9' बनाता है। इसके बाद वह बेटे को हथेली दिखाते हुए कहता है, मेरी ओर से देखने पर यह '9' दिखता है और तुम्हें यह '6' नजर आता है, जबकि हम दोनों अपनी-अपनी जगह सही हैं। इसलिए तुम वही करो जो तुम्हें सही लगे और मैं वही करूँगा, जो मुझे ठीक लगता है। दूसरों की तरह मैं भी कई बार उस सर्वशक्तिमान की ओर देखते हुए कहता हूँ, ''हे ईश्वर! आप क्या कर रहे हैं? मेरा जीवन कितना उलझा हुआ है।'' और

भगवान् संभवतः यही कहते होंगे, मुझे अपना काम करने दो और एक दिन जब मेरी ओर से तुम अपनी जिंदगी को देखोगे तब तुम्हें पता चलेगा कि यह कितनी खूबसूरत थी। संभवतः वे सही हैं।

फंडा यह है कि कई छोटी-छोटी बातें हमें कहानी के दूसरे पहलू के बारे में बताती हैं। बुद्धिमान इनसान इसीलिए दूसरे पहलू को जाने बगैर कोई टिप्पणी नहीं करते।

□

इस दुनिया में कोई भी व्यक्ति महान् नहीं!

लंदन के अखबार 'डेली मिरर' ने सोमवार को खबर दी कि ब्रिटेन में स्कूली बच्चों को पढ़ने के लिए पब में जाना पड़ सकता है। ब्रिटिश शिक्षा मंत्री माइकल गोव की कटौती योजना की वजह से कौंसिल के पास स्कूलों की जगह कम हो गई है। मंत्रियों ने 30 करोड़ पाउंड के स्कूल बिल्डिंग प्रोग्राम को रद्द कर दिया है। इसके बाद कई जगहों को स्कूल में तब्दील करने की योजना बन रही है। सूची में ईस्ट लंदन स्थित बार्किंग का हैरो पब भी शामिल है।

बार्किंग और डेगेनहम कौंसिल के उपनेता रॉकी गिल का आरोप है कि स्कूल बिल्डिंग प्रोग्राम पर कुल्हाड़ी चलाने के फैसले में सरकार ने दूरदृष्टि नहीं दिखाई। स्कूलों के लिए जगह का मुद्दा उनके लिए बेहद नाजुक है।

इनमें से एक कौंसिल बार्किंग तो स्प्लिट शिफ्ट सिस्टम पर विचार कर रही है। जिसमें बच्चों को सिर्फ आधा दिन या हफ्ते में तीन दिन पढ़ाया जाएगा। शिक्षा मंत्री के फैसले के बाद पूरे देश के प्राइमरी स्कूलों में क्षमता से ज्यादा बच्चों की संख्या करीब 35 हजार हो गई है। कई अन्य इलाके बुरी तरह प्रभावित हुए हैं। इनमें लंदन का अंदरूनी हिस्सा बर्मिंघम, मैनचेस्टर और लीड्स शामिल है। हजारों बच्चों को अस्थायी क्लासरूम में पढ़ाया जा रहा है। इनमें मैनचेस्टर में 260 और ब्रेंट (नॉर्थ-वेस्ट लंदन) में 490 शामिल हैं।

कौंसिल बच्चों को फुटबॉल स्टेडियम, बिंगो हॉल्स या अनुपयोगी चर्च में पढ़ाने की सोच रही है। ऑक्सफोर्डशायर में प्रधानमंत्री डेविड कैमरन के आसपास रहने वाले प्रत्येक आठ में से एक बच्चे के परिवार ने स्कूल के पहले विकल्प को ठुकरा दिया।

जब हम देश के अंदरूनी हिस्सों में जाते हैं तो वहाँ सफलतापूर्वक चल रहे टूरिंग वीडियो पार्लर के बिजनेस को देखते हैं, लेकिन इन जगहों पर स्कूल नहीं मिलता। बच्चे स्कूल नहीं जा पाते, क्योंकि परिवहन का साधन नहीं है। यदि साधन है तो उस पर खर्च करने के लिए पैसे नहीं हैं। विडंबना है कि हमारे देश में सिनेमा थिएटर कुछ गाँवों में स्कूलों से पहले पहुँच जाते हैं। इसका कारण यह है कि लोग खुद को शिक्षित करने से पहले मनोरंजन पर पैसा खर्च करने को तैयार हो जाते हैं। क्या हम लंदन के उदाहरणों से सबक नहीं ले सकते? कई स्तरों पर तो वहाँ थिएटरों को भी सुबह सात से 11 बजे तक क्लासरूम में तब्दील करने पर विचार चल रहा है। क्या हम प्राइमरी और सेकेंडरी में चार भिन्न कक्षाओं को चार घंटे या आठ भिन्न कक्षाओं को हफ्ते में तीन दिन पढ़ा सकते हैं? यह बहस का विषय है।

कई मंत्री इस बात की चर्चा करते थे कि बसों को क्लासरूम की तरह चलाया जाए। जो सुदूर गाँवों और रिहायशी इलाकों में जाकर बच्चों को पढ़ाएँ। मोबाइल क्लासरूम के जरिए ग्रामीण बच्चों को आकर्षित किया जाए। लेकिन ये चर्चाएँ सिर्फ शुरुआती स्तर पर ही रहीं। याद रखिए, जो लोग रेलवे प्लेटफार्म पर बच्चों को पढ़ाते हैं, उन्हें परिवार का कमाऊ सदस्य बनाते हैं, वे किसी भी अन्य व्यक्ति से ज्यादा महान् हैं, फिर यह भी नहीं भूलना चाहिए कि प्रधानमंत्री डॉ. मनमोहन सिंह भी स्ट्रीट लाइट में पढ़कर बड़े हुए हैं।

फंडा यह है कि इस दुनिया में कोई भी व्यक्ति महान् नहीं है। सिर्फ चुनौतियाँ महान् होती हैं, जिन्हें साधारण लोगों को ऊँचा उठकर पार करना होता है। इसे पार करने के बाद वे हमारी नजरों में महान् बन जाते हैं।

□

विरोध जताने का हो सकता है अंदाज अपना-अपना

सन् 1979 में असम में आई बाढ़ ने बड़ी संख्या में सर्पों को सैंडबार (नदी के मुहाने पर जमी रेत) पर लाकर पटक दिया। गरमियों की शुरुआत में जादव 'मोलाइ' पयेंग नामक एक 16 वर्षीय किशोर ने कुछ मृत सर्पों को देखा, जो बाढ़ की भेंट चढ़ गए थे। ये सर्प इस वजह से मारे गए, क्योंकि इन्हें कोई ऐसा पेड़ नहीं मिला, जिसकी आड़ में ये अपनी जान बचा सकते। यह देखकर उस किशोरवय युवक ने सैंडबार पर पेड़ उगाने का संकल्प लिया। हालाँकि यह कोई आसान काम नहीं था, क्योंकि रेतीला बंजर इलाका 1,396 एकड़ में फैला था।

उसे लगा कि यह ईश्वर निर्मित अन्य प्रजातियों पर प्रकृति का प्रकोप है। उसने वन विभाग से इस सैंडबार में वृक्ष उगाने की गुहार लगाई। वन विभाग ने उससे कहा कि वहाँ कुछ नहीं उग सकता। यदि वह चाहे तो बाँस उगाने की कोशिश जरूर कर सकता है। कोई उसकी मदद के लिए तैयार नहीं था, लिहाजा उसने अपने बलबूते पर ऐसा करने का जिम्मा उठाया। तीस साल बाद इस बंजर सैंडबार पर हरा-भरा जंगल लहलहा रहा है, जिसमें हजारों किस्म के पेड़ों के साथ तरह-तरह के परिंदे, हिरन, बंदर, गैंडे, हाथी और यहाँ

तक कि बाघों का भी बसेरा है।

इस जंगल को इसके सृजनकर्ता के निकनेम के आधार पर उचित ही 'मोलाइ वुड्स' नाम दिया गया है। पयेंग की उम्र अब 47 साल हो चुकी है। पयेंग ने एकाकी जीवन को स्वीकार कर किशोरावस्था से ही इस रेतीले इलाके में रहना शुरू कर दिया। उन्होंने यहाँ पर कई तरह के पौधे उगाए, जिनकी देखरेख में वे दिन भर लगे रहते। वे अपनी बीवी और तीन बच्चों के साथ अब भी उसी वन्य प्रदेश में रहते हैं। यहाँ उन्होंने अपनी एक छोटी सी कुटिया बना रखी है। 'मोलाइ वुड्स' संभवतः नदी के बीचोबीच बना दुनिया का सबसे बड़ा जंगल है। पयेंग ने अपना जीवन इस जंगल की देखरेख व विकास के लिए समर्पित कर दिया है। आज जंगलों के शिकारी वन्य संपदा से भरपूर इस जंगल पर कब्जा करने की कोशिश में लगे हैं। उनसे पयेंग का यही कहना है कि इससे पहले उन्हें उनकी लाश से गुजरना होगा। वन अधिकारी इस वन के साथ-साथ पयेंग और उनके परिवार की भी रक्षा कर रहे हैं।

यदि आपको लगता है कि इस तरह की चीजें सिर्फ भारत में हो सकती हैं तो इस यूरोपीय गाथा पर भी गौर करें। ऑस्ट्रेलियाई मूल के 34 वर्षीय स्टीव वीन लंदन में रहते हैं। वे पिछले तीन साल से फूल समेत अन्य छोटी-मोटी वस्तुओं का इस्तेमाल करते हुए शहर की सड़कों पर बने गड्ढों का कायाकल्प कर रहे हैं। इस गुरिल्ला गार्डनर ने न सिर्फ अपने शहर में कई जगह ऐसे छोटे-मोटे गार्डन तैयार किए बल्कि कई और जगहों पर भी ऐसा किया है। वहाँ गुरिल्ला बागबानी का चलन तेजी से लोकप्रिय हो रहा है। स्टीव कहते हैं कि उनका प्रोजेक्ट बदसूरत चीजों को खूबसूरत चीजों में बदलने की थीम पर टिका है। पूर्वी लंदन में सड़कों पर काफी गड्ढे हैं, जिन्हें देखकर उन्होंने यह कदम उठाया। स्टीव पिछले हफ्ते इटली में थे, जहाँ पर मिलान डिजाइन वीक चल रहा था। वहाँ पर उन्होंने सड़क के बीच में बने 20 से 30 सेंटीमीटर चौड़े गड्ढों में छोटे-मोटे पौधे रोपित किए, जिन्हें काफी पसंद किया गया।

वे कहते हैं, यह देखकर अच्छा लगता है कि मेरे छोटे से उपवन कितना व्यापक प्रभाव छोड़ सकते हैं। कई बार तो मेरे उपवन को देखने के लिए चालीस-पचास लोग तक इकट्ठा हो जाते हैं। मुझे उनकी प्रतिक्रियाएँ

सुनकर बहुत मजा आता है।

आज म्युनिसिपल कॉरपोरेशन इस गुरिल्ला गार्डनर से इतना घबराने लगा है कि उसे भनक लगने से पहले ही सड़क पर बनने वाले गड्ढों को दुरुस्त कर दिया जाता है। आज स्टीव को पूरे यूरोप में बुलाया जाता है, ताकि स्थानीय नगरीय निकाय पर उनकी मुहिम का प्रभाव पड़ सके।

फंडा यह है कि कई बार विरोध का नया आइडिया आपके जीने का एक तरीका बन सकता है। आप नए अंदाज में विरोध जताकर व्यापक असर डाल सकते हैं। गुरिल्ला बागवानी या गुरिल्ला वन्यीकरण ऐसी ही एक नई पद्धति है, जो संबंधित सरकारी निकायों पर असर डालने के लिहाज से काफी प्रभावी रही है।

□

सामाजिक स्तर पर हो रहा है व्यापक बदलाव

महत्त्वाकांक्षी भारत का सामाजिक स्तर पर व्यापक बदलाव के रूप में एक नया चेहरा सामने आ रहा है। हमारे छोटे शहरों व कस्बों के युवा भी अब आई.आई.एम. व आई.आई.टी. जैसे प्रतिष्ठित संस्थानों में पढ़ने का सपना देखने लगे हैं। आँकड़े कुछ इसी तरह का संकेत देते हैं। देश के प्रतिष्ठित आई.आई.एम. संस्थान समेत विभिन्न बिजनेस स्कूलों में दाखिले के लिए इस साल 11 अक्तूबर से शुरू हुई कैट परीक्षा के अभ्यर्थियों के आँकड़ों पर नजर दौड़ाएँ तो पता चलता है कि इस परीक्षा में उपस्थित हुए 2,15,072 अभ्यर्थियों में से कम-से-कम 50,000 अभ्यर्थी अनु. जाति/जनजाति जैसे पिछड़े समुदायों से हैं। वे न सिर्फ लघु कस्बाई या ग्रामीण भारत से ताल्लुक रखते हैं वरन् उनमें से कई झारखंड, छत्तीसगढ़ और ओडिशा जैसे अल्प-विकसित राज्यों से आते हैं। पिछले साल के मुकाबले इस आँकड़े में तकरीबन 13 प्रतिशत उछाल आया है।

इसके अलावा युवा छात्राएँ भी ऐसे संस्थानों का रुख कर रही हैं, जिन्हें पहले सिर्फ लड़कों का गढ़ समझा जाता था। सन् 2012 में उत्तराखंड के आई.आई.एम., काशीपुर को अपनी पहली छात्रा मिली, जबकि इसके

समकक्ष संस्थान आई.आई.एम., कोझीकोड में छात्राओं की संख्या तकरीबन 35 प्रतिशत है। ग्रामीण भारत लड़कियों को उच्च शिक्षा के लिए भेजना चाहता था, लेकिन स्थानीय जगह से दूरी न सिर्फ इन लड़कियों को हतोत्साहित करती थी, बल्कि उनके माता-पिता भी इसे लेकर चिंतित रहते थे कि उनकी बच्ची के साथ वहाँ क्या होगा। बच्चियों से जुड़ी असुरक्षा का यह एहसास ही इन अभिभावकों को उन्हें उच्च शिक्षा के लिए शहर भेजने से रोकता था।

अब आई.आई.एम. व आई.आई.टी. जैसे प्रतिष्ठित संस्थानों के देश के अंदरूनी इलाकों व अल्प-विकसित राज्यों में पहुँचने के साथ छात्र/छात्राएँ इनमें अध्ययन के लिए प्रोत्साहित हो रहे हैं। इन उभरते कस्बों में इनकी लोकप्रियता बढ़ने के साथ और भी ज्यादा छात्र/छात्राएँ इनका लाभ उठाने के लिए प्रेरित होंगे, जिससे आखिरकार लैंगिक संतुलन भी कायम होगा।

विभिन्न प्रतियोगी परीक्षाओं में मौजूदगी दर्ज कराने वाले अभ्यर्थियों का और विश्लेषण करने पर यह तथ्य भी उभरकर सामने आता है कि कार्यानुभव प्राप्त छात्र/छात्राएँ दोबारा शिक्षा प्रणाली के साथ जुड़ते हुए ग्रामीण/कस्बाई भारत में खुलने वाले नए संस्थानों को गले लगा रहे हैं। ऐसा करने से दो साल के कार्यानुभव के साथ उनकी थोड़ी बहुत बचत भी हो जाती है, जिससे उन्हें अपनी आगे की पढ़ाई के लिए कर्ज नहीं लेना पड़ता या कम मात्रा में लेना पड़ता है। इस तरह कैंडिडेट पुल में लैंगिक, सामाजिक संतुलन और कार्यानुभव के लिहाज से व्यापक बदलाव देखा जा रहा है। लेकिन जहाँ तक ग्रामीण/कस्बाई भारत की बात है तो ऐसे साफ संकेत मिल रहे हैं कि स्कूल या कॉलेज जानेवाला हरेक विद्यार्थी उच्च शिक्षा की ओर बढ़ना चाहता है, जो सिर्फ ग्रेजुएशन तक सीमित नहीं है। यही कारण है कि सन् 2008 से 2012 में 12वीं कक्षा से ग्रेजुएशन में जाने वाले विद्यार्थियों की संख्या 12.8 से 20 प्रतिशत तक पहुँच गई है।

अभ्यर्थियों के आँकड़ों के विश्लेषण से यह सबक लिया जा सकता है कि ग्रामीण/कस्बाई भारत गुणता प्रधान पढ़ाई-लिखाई करना चाहता है, लेकिन कोई भी उन तक पढ़ाने के लिए नहीं पहुँचता।

फंडा यह है कि आप किसी भी तरह से शिक्षा व्यवसाय से जुड़े हैं तो आपको उभरते कस्बों, गाँवों, पिछड़े समुदायों और आर्थिक रूप से कमजोर वर्गों की ओर देखना चाहिए, जहाँ आपके लिए काफी संभावनाएँ हो सकती हैं। इनसे न सिर्फ समाज में आपकी साख स्थापित होगी वरन् हमारा आधार वर्ग भी मजबूत होगा।

□

तनाव संग दुर्भाग्य भी चलता है

प्रोफेसर वाइसमैन ने एक प्रयोग किया कि आखिर क्यों कुछ लोग हमेशा भाग्यशाली साबित होते हैं, जबकि दूसरे उनकी तरह खुशनसीब नहीं होते। दस साल पहले उन्होंने एक अखबार में विज्ञापन दिया कि जो लोग लगातार खुद को खुशनसीब या बदनसीब समझते हैं, वे उनसे संपर्क करें। सैकड़ों पुरुष व महिलाएँ उनके प्रयोग का हिस्सा बनने को तैयार हो गए। उन्होंने काफी समय तक इन लोगों के साथ साक्षात्कार किया तथा उनकी जिंदगी पर निगाह रखी। प्रयोग के नतीजों से खुलासा हुआ कि उनकी सोच-प्रक्रिया और व्यवहार ही काफी हद तक उनकी अच्छी या खराब किस्मत के लिए जिम्मेदार थे।

उन्होंने यह जानने के लिए एक प्रयोग किया कि क्या ऐसा उनके अवसरों को पहचानने की क्षमता में फर्क की वजह से होता है। उन्होंने खुशकिस्मत व बदकिस्मत समझने वाले दोनों समूह के लोगों को एक अखबार दिया और कहा कि वे इसे पूरी तरह देखने के बाद बताएँ कि इसमें कितनी तसवीरें छपी हैं। उन्होंने अखबार के बीच में एक बड़ा सा संदेश भी रख दिया, जो कहता था 'प्रयोगकर्ता से कहें कि आपने इसे देख लिया है और 50 डॉलर जीत लें।' यह संदेश आधे पेज की जगह में ढाई इंच की ऊँचाई लिये अक्षरों में लिखा गया था। पन्ना पलटने पर यह सबके चेहरों के सामने आता, लेकिन खुद

को बदनसीब समझने वाले लोग इसे छोड़कर आगे बढ़ जाते, वहीं खुशनसीब लोग इसे भी देखते।

इसके बाद उन्होंने निष्कर्ष निकाला कि बदनसीब लोग खुशनसीबों के मुकाबले अमूमन ज्यादा तनावग्रस्त होते हैं और उनकी यही चिंता कुछ अप्रत्याशित को नोटिस करने की क्षमता को बाधित करती है। इसके कारण वे कई बार अवसरों को नहीं देख पाते, क्योंकि वे किसी और चीज को खोजने में व्यस्त होते हैं। वे पार्टियों में परफेक्ट पार्टनर तलाशने की मंशा से जाते हैं और इस वजह से दूसरी तरह की नौकरियों पर उनकी नजर नहीं जाती।

भाग्यशाली लोग ज्यादा निश्चिंत और खुले दिमाग के होते हैं, लिहाजा वे तलाशी जा रही चीजों से इतर भी देख लेते हैं। उनकी रिसर्च से पता चला कि भाग्यशाली लोग चार सिद्धांतों के जरिए अपनी तकदीर सँवारते हैं। वे मौके पर अवसर पहचानने और इन्हें निर्मित करने में दक्ष होते हैं। अपनी अंतरात्मा की आवाज सुन समझदारीपूर्ण निर्णय लेते हैं। सकारात्मक अपेक्षाओं के माध्यम से आत्म-संतुष्टिजनक भविष्यवाणियाँ तैयार करते हैं। ऐसी सोच अपनाते हैं, जो बदनसीबी को खुशनसीबी में बदल देती है।

प्रयोग के आखिरी दौर में उन्हें खयाल आया कि क्या इन सिद्धांतों का इस्तेमाल गुड लक निर्मित करने में किया जा सकता है। उन्होंने प्रयोग में शामिल कुछ लोगों से एक महीने तक ऐसी कुछ क्रियाएँ करने के लिए कहा, जो उन्हें एक खुशनसीब इनसान की तरह सोचने व बरताव करने में मदद कर सकती थीं। नतीजे चौंकाने वाले रहे। इन प्रक्रियाओं से उन्हें अवसरों को पहचानने में, अपनी अंतररात्मा की आवाज सुनने, खुशनसीब होने की उम्मीद करने और बुरे भाग्य को हराने के प्रति ज्यादा लचीला होने में मदद मिली। प्रयोग के बाद उनमें से ४0 प्रतिशत लोग अब ज्यादा खुश, अपनी जिंदगी से ज्यादा संतुष्ट और सबसे जरूरी बात, ज्यादा लकी थे।

फंडा यह है कि दुनिया में सबसे खुशहाल लोग वे नहीं हैं, जिन्हें कोई समस्या नहीं है। खुशहाल लोग वही हैं, जो कुछ खामियों वाली चीजों के साथ भी जीना जानते हैं। हैव अ लकी डे।

□

जिंदगी में चलताऊ रवैया नहीं चलता

यह सन् 1980 के दशक की बात है। एक फार्मास्युटिकल कंपनी में काम करने वाले केमिस्ट ने इंजेक्शन के एक बैच को एक अहम प्रक्रिया से गुजारे बगैर हरी झंडी दे दी। वास्तव में हर इंजेक्शन के एंपुल में दवाई भरने के बाद उसे सख्त जाँच प्रक्रिया से गुजरना होता है। इसमें विजुअल टेस्टिंग प्रक्रिया भी शामिल है। इस प्रक्रिया के तहत हरेक एंपुल को हाथ में लेकर यह देखा जाता है कि उसमें फाइबर या काँच के सूक्ष्म कणों जैसे अवांछित तत्त्व तो नहीं हैं, जो सुई के जरिए सिरिंज में और इसके बाद इसी सुई के जरिए व्यक्ति के शरीर में जा सकते हैं।

जिस केमिस्ट पर क्वालिटी कंट्रोल की जिम्मेदारी थी, उसने अपने काम में हीला-हवाली करते हुए इंजेक्शनों के एक बैच को अहम जाँच प्रक्रिया से गुजारे बगैर ही जाने दिया। आगे चलकर उसका पालतू कुत्ता किसी बीमारी का शिकार हो गया, जिसे उसकी कंपनी द्वारा निर्मित यही इंजेक्शन लगाया गया (इनसान की तरह पालतू पशु को भी यह दवाई दी जा सकती थी) जिसके बाद उसकी मौत हो गई। दरअसल, उसकी रक्त-शिराओं में इंजेक्शन के जरिए कुछ अवांछित तत्त्व भी पहुँच गए थे। पोस्टमार्टम रिपोर्ट में उसके शरीर में फॉरेन पार्टिकल पाए जाने की पुष्टि हो गई। जिसके बाद कंपनी ने इंजेक्शन का वह पूरा बैच बाजार से वापस मँगा लिया। सौभाग्य से उस इंजेक्शन से किसी इनसान की जान नहीं गई।

यह एक सत्य गाथा है। इसी तरह एक और स्टोरी है, जो अकसर इंटरनेट पर घूमती रहती है। यह कुछ इस तरह से है। एक बुजुर्ग राजमिस्त्री रिटायर होना चाहता था। उसने अपने नियोक्ता को अपनी इस योजना के बारे में बताते हुए कहा कि वह अब मकान बनाने का काम छोड़कर अपने बीवी-बच्चों के साथ सुकून की जिंदगी जीना चाहता है। हालाँकि वह इससे होने वाली कमाई को मिस जरूर करेगा, लेकिन उसे यह मंजूर है।

कांट्रेक्टर इस बात से थोड़ा दु:खी हो गया कि उसका एक अच्छा कारीगर उसे छोड़कर जा रहा है। उसने उस कारीगर से कहा कि क्या वह उसकी खातिर एक और मकान बना सकता है, इसके बाद वह उसे रुकने के लिए नहीं कहेगा। कारीगर मान तो गया, लेकिन अब उसका अपने काम में मन नहीं लगता था। वह जैसे-तैसे काम निपटाने में लगा रहता और सामग्री भी घटिया इस्तेमाल करता। कुल मिलाकर कह सकते हैं कि वह अपने समर्पित कॅरियर को खराब ढंग से विराम दे रहा था। जब मकान बनकर तैयार हो गया तो कांट्रेक्टर उसका मुआयना करने आया। मकान को देखने के बाद उसने इसके मुख्य दरवाजे की चाभी उस कारीगर को सौंपते हुए कहा, "आज से यह घर तुम्हारा है। इसे मेरी ओर से भेंट समझो।" यह सुनकर कारीगर ने माथा पीट लिया। यदि उसे पता होता कि वह मकान अपने लिए बना रहा है तो उसे बिलकुल अलग ढंग से बनाता।

हम कई बार चलताऊ रवैया अपनाते हुए जिंदगी में अनेक चीजों को निपटाते हैं, लेकिन हमें इसका एहसास तभी होता है जब ये लौटकर हमारे पास आती हैं। हम कई बार लापरवाही बरतते हुए अपना सर्वश्रेष्ठ नहीं देते। तभी अचानक किसी दिन हमें एहसास होता है कि हमें इसी जिंदगी के साथ जीना पड़ेगा। यदि हमें एक और मौका मिलता तो हम इसे कुछ अलग ढंग से सँवार पाते। लेकिन अब हम पीछे नहीं लौट सकते।

फंडा यह है कि जिंदगी एक ऐसा प्रोजेक्ट है, जिसे खुद अपने बलबूते करना होता है। आज आप जैसी अभिरुचियाँ या नजरिया विकसित करते हैं, उसी के आधार पर आपके कल का निर्माण होगा। आप राजमिस्त्री की तरह एक-एक ईंट जोड़कर पहले दीवार और फिर घर तैयार करते हैं। जरूरी है इसे अच्छे से तैयार करें।

□

समाज की खातिर लाएँ व्यापक बदलाव

कुछ समय पूर्व जर्सी में चार किशोरवय लड़कों और एक दस वर्षीय बालक ने मिलकर बीयर की एक केग चुराई। इसके नशे में धुत्त होने के बाद वे जानवरों को सताने लगे। उन्होंने गायों को पत्थर मारे और एक डरी हुई भेड़ को बाड़ के ऊपर से फेंक दिया। पुलिस चाहती थी कि इन बालकों पर मुकदमा चले और जानवरों पर क्रूरता बरतने के आरोप में इन्हें जेल भेजा जाए।

हालाँकि एक ड्यूटी प्रॉसिक्यूटर का कुछ और विचार था। उसे लगा कि ऐसा करने से उनके नाम के साथ आपराधिक रिकॉर्ड जुड़ जाएगा और उनकी जिंदगी हमेशा के लिए बरबाद हो जाएगी। यह सोचकर उसने उनके समक्ष एक प्रस्ताव रखा कि यदि वे अपने कृत्य पर खेद व्यक्त करें और कुछ दिनों तक मुफ्त में काम करें तो उन्हें सजा से बचाया जा सकता है। स्थानीय लोगों, प्रेस और यहाँ तक कि इन लड़कों के स्कूल वालों को भी इस केस की भनक नहीं लगी। जर्सी ब्रिटिश इलाका जरूर है, लेकिन यह यू.के. का हिस्सा नहीं है। ब्रिटिश साम्राज्य के अधीन यह इकलौती जगह है, जो ऐसे निर्णय लेने में सक्षम पुलिस कमिश्नर का चयन करती है। जब यह बात सरकार के संज्ञान में लाई गई तो एक नए विचार ने जन्म लिया। उन्हें लगा कि उभरती युवा आबादी में आपराधिक प्रवृत्ति को बढ़ने से रोकने के लिए चयनित पुलिस कमिश्नर क्यों नहीं हो सकते? लंदन के ज्यादातर लोगों को यह भी पता नहीं

है कि उनके देश में एक व्यापक बदलाव होने जा रहा है। दुनिया में इंग्लैंड ऐसा पहला देश होगा, जिसमें चयनित पुलिस कमिश्नर होंगे। इंग्लैंड ऐंड वेल्स में लंदन को छोड़कर पुलिस व्यवस्था से जुड़े तमाम 41 इलाकों में इस साल 15 नवंबर को एक ऐसे व्यक्ति का चुनाव होगा, जो लोकल बॉबीज यानी इंग्लिश पुलिसकर्मियों के काम की निगरानी करेगा। कह सकते हैं कि लोकसेवा के क्षेत्र में बेहद अनूठा सुधार होने जा रहा है, खासकर ऐसे देश में, जिसने दुनिया के कई देशों पर राज किया है।

इन चयनित लोगों को पी.सी.सी.एस. यानी पुलिस ऐंड क्राइम कमिश्नर कहकर पुकारा जाएगा। चयन के बाद वे पुलिस बल की प्राथमिकताएँ तय करेंगे और उन्हें कांस्टेबलों को नियुक्त करने व बरखास्त करने का भी अधिकार होगा। हालाँकि कामकाज संचालन संबंधी निर्णय चीफ कांस्टेबलों के पास ही रहेंगे, लेकिन इस नए पी.सी.सी.एस. के पास भी व्यापक अधिकार होंगे। यह बदलाव इसलिए हो रहा है, क्योंकि इंग्लिश सरकार को लगता है कि मौजूदा पुलिस प्रणाली स्थानीय प्राथमिकताओं के प्रति रिस्पॉन्सिव नहीं है।

हालाँकि नई प्रणाली कुछ जोखिमों के साथ आती है। राजनीतिक पार्टियाँ चुनाव में अपने-अपने उम्मीदवारों को उतारेंगी, उनके चुनावी अभियान पर खूब खर्च भी किया जाएगा। वैसे सरकार का कहना है कि पीसीसीएस विजिबल पुलिसिंग की दिशा में काम करेगा, जो देश के कई अंदरूनी इलाकों में नजर नहीं आती। चयनित सदस्यों को राष्ट्रीय पुलिसिंग संबंधी जरूरतों का खयाल रखना होगा और अस्त्र-शस्त्र संबंधी खरीद व जरूरतें पहले के मुकाबले ज्यादा केंद्रीयकृत हो जाएँगी। कुल मिलाकर कह सकते हैं कि चयनित पी.सी.सी.एस. से लोगों को ज्यादा अधिकार देने का एक प्रयास है।

फंडा यह है कि अपनी विशाल युवा आबादी (जो काफी इंटेलिजेंट है) की खातिर व्यवस्था में क्रांतिकारी बदलाव लाना जरूरी है। यह बदलाव हमारी सिविल सोसाइटी की बेहतरी के लिए होना चाहिए।

□

जिंदगी किसी चीज की गारंटी नहीं देती

रॉबर्ट एक बहुराष्ट्रीय कंपनी में बतौर एक्जिक्यूटिव काम करता था। कंपनी उसे अच्छे वेतन के साथ-साथ बोनस व अन्य सुविधाएँ भी देती थी। उसकी पत्नी गृहिणी है और उसके तीन प्यारे-प्यारे बच्चे हैं। हर दिन जब रॉबर्ट ऑफिस जाने के लिए घर से निकलता तो उसे रास्ते में एक बेघर-बार शख्स नजर आता। वह कभी किसी से कुछ नहीं माँगता, फिर भी रॉबर्ट कभी-कभार उसके हाथ पर एक-दो डॉलर रख देता। एक दिन रॉबर्ट के ऑफिस पहुँचते ही बॉस ने उसे अपने केबिन में आने के लिए कहा। उसके केबिन में पहुँचने पर बॉस का कहना था कि कंपनी को घाटा हो रहा है, लिहाजा उसे नौकरी से हटाया जा रहा है। रॉबर्ट जानता था कि उसके लिए नई नौकरी तलाशना आसान नहीं होगा। उसकी कंपनी जो उत्पाद बनाती थी, उसे बनाने वाली बाजार में महज दो कंपनियाँ थीं। जाहिर तौर पर रॉबर्ट प्रतिस्पर्द्धी कंपनी में नौकरी के लिए आवेदन नहीं कर सकता था। वह आवेदन करे तब भी इस बात की गारंटी नहीं थी कि वहाँ वेकेंसी हो। लौटते समय उसे कार लोन व होम लोन की किश्तों के अलावा घर से जुड़े तमाम खर्च याद आने लगे। यह सोचकर उसकी धड़कनें बढ़ने लगीं। तभी उसे वह बेघर शख्स नजर आया, जो सड़क किनारे चैन की नींद सो रहा था। रॉबर्ट ने खुद से पूछा, ''आखिर यह आदमी इतने चैन से कैसे सो सकता है?''

अगले दिन सुबह सैर के दौरान वह शख्स रॉबर्ट से फिर टकरा गया।

उसने रॉबर्ट के लटके हुए चेहरे को देखकर उसकी उदासी का कारण पूछा। रॉबर्ट ने बताया कि उसकी नौकरी चली गई है। इस पर वह शख्स तपाक से बोला, "अच्छा, लेकिन यह तो कोई समस्या नहीं है। दस साल पहले मेरी भी नौकरी चली गई थी।" "आप क्या काम करते थे?" रॉबर्ट ने उससे जानना चाहा। इस पर उसका जवाब था, "मैं सी.ई.ओ. था।" यह सुनकर आश्चर्यचकित रॉबर्ट के मुँह से निकला, "क्या? और उसके बाद आपको दूसरा कोई रोजगार नहीं मिला?" इस पर उसने कहा, "कौन कहता है कि मैं बेरोजगार हूँ। मैं एफ.बी.आई. का मुखबिर हूँ। मैं सड़कों पर गश्त करता हूँ, लिखता हूँ, पढ़ता हूँ। मैं आपसे ज्यादा कमाता हूँ। यही मेरा काम है।" अवाक् रॉबर्ट उस शख्स को देखता रह गया, जिसे वह अब तक बिलकुल नाकारा समझता आ रहा था। रॉबर्ट ने उससे पूछा, "आपको यह काम कैसे मिला?" इस पर उस शख्स ने बहुत अच्छा जवाब दिया। उसका कहना था, "मसला यह नहीं है कि मुझे यह काम कैसे मिला। असल बात तो यह है कि जब मैंने अपनी पिछली नौकरी खो दी थी तब मैंने इसे किस भाव से लिया। जब मुझे नौकरी से निकाला गया तो मैंने अपने जन्म के बारे में सोचा। मैं इसलिए पैदा हुआ, क्योंकि मुझे अपनी माँ की कोख में कंफर्ट जोन से बेदखल कर दिया गया था।" उस शख्स ने आगे कहा, "यही जीवन है। यहाँ आपको हमेशा किसी-न-किसी कंफर्ट जोन से बेदखल किया जाएगा। यदि आप इस बात को समझते हैं और इसे एक अवसर की तरह लेते हैं तो चीजें बेहतर-से-बेहतर होती चली जाएँगी।" इतना कहकर वह यहाँ से चला गया और रॉबर्ट चुपचाप खड़ा उसे देखता रहा।

(इस कथा का मूल विचार हमारे एक पाठक किरत मेहता ने हमें भेजा। यदि आपके पास भी ऐसी कोई दिलचस्प स्टोरी है तो हमें इ-मेल के जरिए लिख भेजें।)

फंडा यह है कि जिंदगी कभी किसी चीज की गारंटी या वारंटी नहीं देती। यह हद-से-हद हमारे लिए संभावनाएँ और अवसर मुहैया करा सकती है। अब यह हम पर निर्भर है कि हम किस तरह इन संभावनाओं या अवसरों को कामयाबी में तब्दील करते हैं।

□

हर दिन हो सकता है शिक्षक दिवस

23 जनवरी को मैं मुंबई के दादर इलाके में स्थित एक स्कूल के समारोह में था, जिसमें नाना पाटेकर बोल रहे थे। उन्होंने अपने ही अंदाज में कहा, ''मेरे शिक्षकगण बहुत ही ज्यादा खराब थे।'' यह कहकर वे थोड़ी देर के लिए रुक गए। समारोह में सन्नाटा छा गया, क्योंकि उनके उद्बोधन ने उन्हें भी जगा दिया, जो स्कूल में महज रस्म अदायगी के लिए आए थे। इसके बाद नाना ने हँसते हुए कहा, ''चूँकि वे खराब और मेरे प्रति बहुत सख्त थे, इसी वजह से आज मैं इस मुकाम तक पहुँच पाया हूँ।'' अगले दिन मैं आई.आई.एम., इंदौर की एक कैंपस रिक्रूटमेंट कमेटी में था। साक्षात्कार और चयन प्रक्रिया के बाद नियोक्तागण ऑफर लेटर तैयार करने में लगे थे। मुझे अपने लैपटॉप पर स्टोरी टाइप करते देख एक अभ्यर्थी मेरे पास आया और पूछने लगा कि मैं क्या कर रहा हूँ?

मैंने कहा कि मैं उन तमाम भारतीयों की सूची बना रहा हूँ, जिन्होंने अपनी मातृ शिक्षण संस्था को करोड़ों रुपए दान दिए हैं। मैंने उसे सिद्धार्थ योग के बारे में बताया, जिन्होंने अपने मातृ स्कूल को सबसे ज्यादा दान दिया है। सिद्धार्थ 'एक्सेंडर ग्रुप इंकॉर्पोरेशन' नामक एक ग्लोबल इन्वेस्टमेंट कंपनी के संस्थापक हैं, जो उभरते बाजारों पर फोकस करती है। इसकी इक्विटी कैपिटल 2 अरब डॉलर से ज्यादा की है। सिद्धार्थ ने हार्वर्ड बिजनेस स्कूल में सन् 2011 के 11वें महीने की 11 तारीख को 11 मिलियन डॉलर का चेक अपने प्रोफेसर

ऑर्थर सेगेल को दिया। यहाँ तक कि उन्होंने इसके लिए समय भी 11 बजकर 11 मिनट का चुना। इस सूची में शामिल अन्य भारतीयों में महिंद्रा ऐंड महिंद्रा के वाइस चेयरमैन व मैनेजिंग डायरेक्टर आनंद महिंद्रा भी थे, जिन्होंने अक्तूबर 2010 को 10 मिलियन डॉलर हार्वर्ड के ह्यूमैनिटीज सेंटर को दिए। इससे पहले रतन टाटा उसी वर्ष हार्वर्ड बिजनेस स्कूल को एक कैंपस बिल्डिंग के फंड के लिए 50 मिलियन डॉलर दे चुके थे। इसी तरह नारायण मूर्ति ने द मूर्ति क्लासिकल लाइब्रेरी ऑफ इंडिया के प्रकाशन के लिए 5.2 मिलियन डॉलर दिए।

पश्चिमी लोग अपनी मातृ शिक्षण संस्थाओं को काफी दान देते हैं और ऐसे ही कुछ महान् नामों में मुझे डेविड रॉकफेलर का नाम याद आता है। हार्वर्ड यूनिवर्सिटी के सन् 1936 बैच से पढ़कर निकले डेविड रॉकफेलर ने हार्वर्ड के लैटिन अमेरिकन स्टडी सेंटर के लिए 25 मिलियन डॉलर का चंदा दिया। बाद में उन्होंने इस सेंटर की शोध, शिक्षण और प्रकाशन संबंधी गतिविधियों को संबल प्रदान करने के लिए 10 मिलियन डॉलर की अतिरिक्त सहायता राशि प्रदान की। यह सुनकर उस लड़के ने मेरी ओर देखा और बोला कि भले ही मुझे 10 लाख रुपए वेतन मिले, लेकिन शुरुआती दो वर्षों तक तो यह राशि मेरे एजुकेशन लोन को चुकाने में ही चली जाएगी, लेकिन उसने वादा किया कि बाद में वह इस स्कूल में जरूर लौटकर आएगा और अपनी क्षमता के मुताबिक कुछ-न-कुछ दान करेगा।

मैं उन शिक्षकों की आँखों में नमी साफ देख सकता था, जो प्लेसमेंट ग्रुप की सहायता कर रहे थे। मुझे नाना पाटेकर की अपने भाषण के अंत में कही गई बात याद आ गई कि मेरे लिहाज से हर दिन शिक्षक दिवस है। यह कहते हुए नाना ने एक लिफाफा अपने टीचर व स्कूल को भेंट स्वरूप दिया। इस लिफाफे में कितनी धनराशि का चेक था, मैं नहीं जानता।

फंडा यह है कि हममें से कितने लोगों को अपने पहले शिक्षक याद हैं, जिनसे हम हजारों, लाखों, करोड़ों कमाना शुरू करने के बाद जाकर मिले हों? यदि आपने अब तक ऐसा नहीं किया तो अभी उन्हें खोजें और उन तक पहुँचें।

□

हर किसी को दूसरा मौका देती है जिंदगी

गलतियाँ हरेक इनसान से होती हैं, लेकिन यदि आप इसके लिए दिल से पश्चात्ताप करते हैं और सुधार की कोशिश करते हैं तो जिंदगी आपको आपके लक्ष्यों को हासिल करने में मदद करती है। यदि ऐसा नहीं होता तो तमिलनाडु ओपन यूनिवर्सिटी की परीक्षाओं में गोल्ड मेडल जीतनेवाले मदुरै सेंट्रल जेल के कैदियों के लिए जेल अधिकारी कैंपस इंटरव्यू की व्यवस्था करने की जहमत क्यों उठाते?

इंटरव्यू की योजना उन कैदियों के लिए है, जो जल्दी ही जेल से रिहा होने वाले हैं। जेल प्रांगण में चलने वाले महात्मा गांधी कम्युनिटी कॉलेज द्वारा फोर व्हीलर मेकैनिज्म तथा कैटरिंग के एक साल के डिप्लोमा कोर्स के लिए हुई परीक्षा में जेल के कैदियों ने तीन गोल्ड मेडल और स्टेट रैंकिंग हासिल की। 185 कैदी अलग-अलग कोर्स की परीक्षाओं में शामिल हुए थे, जिनमें से 175 सफल रहे।

राज्य की नौ जेलों में ऐसे कॉलेज शुरू किए गए थे। मदुरै सेंट्रल जेल की खासियत उसकी सेंट्रल प्रिजन एडवाइजरी कमेटी है, जिसमें उद्योगपति, व्यवसायी एवं सेवानिवृत्त पुलिस अधिकारी शामिल हैं। इन्होंने कैदियों को प्रशिक्षित करने में भरपूर मदद की। डिप्लोमा कोर्स में एडमिशन लेने वाले छात्रों के लिए जीआरटी होटल, ताज और मदुरै होटलियर्स एसोसिएशन के

लिए कैटरिंग की प्रैक्टिकल क्लास की सुविधा उपलब्ध कराई जाती है। फोर व्हीलर मेकैनिज्म के छात्रों के लिए यही सुविधा सोलामलाई ऑटोमोबाइल्स, एबीटी-टाटा, नागप्पा मोटर्स, टी.वी.एस. सत्यजोथि और हजी के मोटर्स उपलब्ध कराते हैं। इन सहयोगियों की मदद से जेल अधिकारी अब डिप्लोमा प्राप्त छात्रों के लिए कैंपस इंटरव्यू आयोजित करने की योजना बना रहे हैं। यह अन्य जगहों पर आयोजित होने वाले नियमित कैंपस इंटरव्यू से अलग होगा; क्योंकि इसकी प्रक्रिया एक साल तक चलेगी और इस दौरान जेल से रिहा होनेवाले कैदियों का चयन किया जा सकेगा। कैदियों को डिग्री देने के साथ जीवन के लिए जरूरी योग्यताओं का प्रशिक्षण दिया जाएगा, साथ ही उनके आचरण पर भी कड़ी निगाह रखी जाएगी और नियुक्ति से पहले उनकी काउंसलिंग की जाएगी।

जेल से जब कोई कैदी रिहा होता है तो उसके परिवार को सबसे ज्यादा खुशी उससे मिलने को लेकर होती है। इसके बाद उसकी कमाने की योग्यता का नंबर आता है। दु:ख की बात यह है कि अधिकतर कैदियों की जवानी का बड़ा हिस्सा जेल में बीतता है। उन्हें इज्जत के साथ जिंदगी जीने का दूसरा मौका देने का सबसे अच्छा तरीका यही है कि उन्हें लाइफ स्किल्स के बारे में बताया जाए और नौकरी के लायक बनाया जाए। अच्छी बात यह है कि कॉरपोरेट क्षेत्र से ताल्लुक रखने वाले कई लोग कैदियों की भरपूर मदद करते हैं, लेकिन जरूरत इस बात की है कि समाज कैदियों को लेकर अपना नजरिया बदले। खासकर उन कैदियों के बारे में, जो परिस्थितियों के मारे जेल पहुँच जाते हैं। तमिलनाडु चैंबर ऑफ कॉमर्स ऐंड इंडस्ट्री के अध्यक्ष तथा जेल की सलाहकार परिषद् के सदस्य एन. जगदीशन कैदियों के लिए रोजगार तलाशने की हरसंभव कोशिश कर रहे हैं। इधर राजीव गांधी की हत्या के मामले में मृत्युदंड को चुनौती देने वालों में शामिल पेरारिवलन डेस्कटॉप पब्लिशिंग ऑपरेटर डिप्लोमा कोर्स में पहले नंबर पर आया है और उसने गोल्ड मेडल भी हासिल किया है। वेल्लोर सेंट्रल जेल में कैद पेरारिवलन उन लोगों में शामिल नहीं है, जिन्हें पुनर्वासित करने की योजना है। पेरारिवलन के साथ दो अन्य आरोपियों मुरुगन और संथन ने भारत के राष्ट्रपति द्वारा उनकी

दया याचिका को खारिज किए जाने को चुनौती दी है। फिलहाल ये मामले सर्वोच्च न्यायालय में लंबित हैं। शिक्षा देने से भी रोजगार पाने की संभावनाएँ भले ज्यादा नहीं हों, लेकिन इससे कैदियों के स्वरोजगार की संभावनाएँ निश्चित रूप से बढ़ जाती हैं और यह उनके लिए दोबारा जिंदगी शुरू करने में काफी मददगार होता है।

फंडा यह है कि जिंदगी इतनी उदार है कि वह कैदियों को इज्जत के साथ जीने का दूसरा मौका देती है। कानून का पालन करने वाले और सामाजिक रूप से स्वीकार्य लोगों को यह बार-बार ऐसे मौके देती है, खासकर युवाओं को।

□

चुनौती मिलने पर उदास होकर न बैठ जाएँ

आई-फोन और आई-पैड पर 'कैच मी कॉप' नामक एक गेम एप्लीकेशन उपलब्ध है। यह एक दिलचस्प गेम है। एक कैदी जेल तोड़कर भाग गया है और देश भर में उसकी खोजबीन की जा रही है। इस कैदी को पुलिस से बचने के लिए रेगिस्तान, तटवर्ती इलाकों और एक भूलभुलैया से होकर गुजरना पड़ता है। इस गेम के कई स्तर हैं, जिनमें अलग-अलग रफ्तार और पुलिसवाले हैं।

आपने अपने बच्चों को आई-फोन, आई-पैड व एंड्रॉयड पर 'अल्फाबेट्स बोर्ड' नामक एक गेम खेलते देखा होगा। इस गेम के जरिए बच्चे खेल-खेल में अक्षर ज्ञान हासिल करते हैं। यह बच्चों के लिए सीखने का एक मजेदार तरीका है। इसमें अक्षर बोर्ड पर आगे-पीछे होते रहते हैं और बच्चों को इनकी पहचान करनी होती है। इस तरह धीरे-धीरे बच्चे इन्हें अच्छी तरह समझने लगते हैं। अक्षरों को आसान तरीके से समझाने के लिए साथ में तसवीर भी दिखाई जाती है।

आपके बच्चे आई-पैड या आई-फोन पर 'कलर पैलेट' नामक एक और एप्लीकेशन चला सकते हैं। यह एप्प बच्चों को रंगों के बारे में सिखाता है। बच्चे इसमें आगे-पीछे जाते हुए रंगों के बारे में सीखते हैं और धीरे-धीरे वे इन्हें अच्छी तरह पहचानने लगते हैं। रंगों के साथ-साथ उनकी स्पेलिंग्स

भी सिखाई जाती है।

इसी तरह मान लीजिए कि आप लंबे समय से किसी यात्रा पर हैं और अपने भगवान् को याद कर रहे हैं तो आप अपने आई-पैड या आई-फोन या एंड्रॉयड फोन पर 'प्रेयर प्लेनेट' को लॉग इन कर सकते हैं और यह आपको आराध्य देव की तसवीरें दिखाने के साथ-साथ धार्मिक भजन या प्रार्थनाएँ भी सुनाने लगेगा।

अब जरा श्रवण और संजय से मिलें, जो फिलहाल चेन्नई के इचमपकम में स्थित वेल्स बिलाबॉन्ग स्कूल में क्रमश: 8वीं व 6वीं कक्षा में पढ़ते हैं। जब वे चौथी व दूसरी कक्षा में थे, तभी उन्होंने विभिन्न तरह की तसवीरें बनाना शुरू कर दिया था, जो उनके उम्र के किसी बच्चे के लिए नई बात नहीं थी। फर्क सिर्फ इतना था कि वे अपनी ड्राइंग के हरेक स्टेप को पावर प्वॉइंट प्रेजेंटेशन पर डाल देते और इस तरह वे बाकी बच्चों को सिखा सकते थे कि ड्राइंग कैसे की जाती है। इन बच्चों में यह फर्क उनके पिता के सुरेंद्रन की वजह से आया। के. सुरेंद्रन चेन्नई में एक एंटी वायरस सॉफ्टवेयर डेवलपर हैं, जो अपने बच्चों के लिए एक कंप्यूटर खरीदकर लाए। इसी कंप्यूटर के जरिए इन चार सालों में इन बच्चों ने अनेक एनिमेशन गेम विकसित किए, जो आज जापान और यूरोप के एंड्रॉयड फोन निर्माताओं को बेचे जा रहे हैं।

ये godimentions.com नामक एक कंपनी के सबसे युवा सीईओ हैं। यह कंपनी हमारे इस नए जगत् के लिए एप्लीकेशंस बनाती है, जिससे लोगों की जिंदगी आसान हो सके। उनका फोकस मोबाइल एप्लीकेशन बनाने में है, खासकर एजुकेशन गेम्स, लाइफस्टाइल व कन्वीनिएंस के क्षेत्र में और आपने इस लेख की शुरुआत में जिन चार एप्लीकेशनों के बारे में पढ़ा, वे सभी इन बच्चों द्वारा तैयार की गई हैं।

बच्चों के लिए ऐसे सैकड़ों गेम्स हैं, जिन्हें उनकी साइट से मुफ्त डाउनलोड किया जा सकता है। यह साइट है www.godimentions.com। तीन महीने में इस साइट से 43 देशों के तकरीबन 20,000 लोगों ने गेम्स डाउनलोड किए हैं।

पहला गेम इन बच्चों ने उस वक्त तैयार किया, जब वे 'चोर पुलिस'

खेल रहे थे। यह खेल देश भर में तमाम बच्चों द्वारा खेला जाता है। श्रवण और संजय ने इस गेम को एक एप्लीकेशन में तब्दील कर दिया और इससे पैसे भी बनाए।

दरअसल, ये दोनों बच्चे अपने पिता के काम से लौटते ही उनका मोबाइल लेकर गेम खेलने बैठ जाते। एक दिन उनके पिता ने उनसे कहा कि मोबाइल पर गेम खेलना बड़ी बात नहीं है। बात तो तब है जब कोई अपना गेम बनाए और दूसरों को मोबाइल पर उस गेम को खेलते हुए देखे।

पिता की इस चुनौती ने इन बच्चों को उकसा दिया। उस वक्त वे पाँचवीं और तीसरी कक्षा में पढ़ते थे और तब से उन्होंने पीछे मुड़कर नहीं देखा। चुनौती मिलने पर वे उदास होकर नहीं बैठे और न ही उन्होंने विरोध जताया। इसके बजाय उन्होंने खुले दिमाग से अपने पिता की चुनौती को स्वीकार किया और एप्लीकेशंस बनाने शुरू कर दिए, जिन्हें विभिन्न कंपनियाँ खरीदती हैं। आज उन्हें दुनिया का सबसे कम उम्र सीईओ कहा जाता है।

फंडा यह है कि अगर कोई आपको चुनौती दे तो उदास होकर न बैठें, बल्कि उसे सकारात्मक भाव से लें और कुछ नया करने में जुट जाएँ। इस तरह आप दूसरों के लिए भी एक मिसाल बन सकते हैं।

□

कोई भी इनसान बेकार नहीं होता

सनी मलिक (25) तथा उसका चाचा धीरज (28), अमित सक्सेना (26), भागीरथ (28), शिवानी वासन (29), विक्रमजीत सिंह (26) और ऋषभ चौहान, स्वाति मिश्रा तथा अकरम (तीनों की उम्र 25 से 30 के बीच) 'फ्लाइंग सोल्स' नामक एक म्यूजिक बैंड के सदस्य हैं, जिसने अपना पहला म्यूजिक एलबम 'जाने अनजाने' 31 जनवरी, 2013 की शाम नई दिल्ली में लॉञ्च किया। इसका संगीत 'म्यूजिक वन' द्वारा रिकॉर्ड किया गया। उनके ग्रुप में गायक व गायिकाओं के अलावा ड्रमर, गिटारिस्ट, की-बोर्डिस्ट और बाँसुरीवादक भी हैं। इनमें से कई एक से ज्यादा वाद्ययंत्र बजा सकते हैं और गा भी सकते हैं। कुछ अच्छे नर्तक भी हैं।

उनका यह एलबम सभी प्रमुख स्टोर्स पर बिक्री के लिए उपलब्ध है। लेकिन जब आपको पता लगेगा कि ये लोग कौन हैं तो आप हैरान रह जाएँगे। दरअसल, इन सबके मन में खुद को स्टार या सेलिब्रिटी की तरह दिखने का ख्वाब था। उनके इस ग्रुप को यकीन है कि उनका यह संगीत लोगों को काफी पसंद आएगा। ग्रुप में एक कनाडाई सदस्य भी बतौर गिटारिस्ट शामिल है, जो पिछले तीन साल से उनके साथ है।

लेकिन उनके इस सपने में एक अड़चन है। क्या हमारा तथाकथित बंद समाज इन लोगों का समर्थन करेगा, जो एक फेंसिंग के पीछे रहते हैं?

एक ऐसी फेंसिंग, जो हमारे समाज के कानून द्वारा खड़ी की गई है। ये प्रतिभाशाली यंगस्टर्स फिलहाल एक ऐसी जगह के कैदी हैं, जिसे हम तिहाड़ जेल के नाम से जानते हैं। एक बार कोई जेल में पहुँच जाए, उसके बाद समाज उसे खलनायकों की तरह ही देखता है। हमारा समाज जिसकी अपनी समस्याएँ हैं, उन्हें कभी अपना जीवन नए सिरे से सँवारने का मौका नहीं देता। मगर तिहाड़ जेल के अधिकारियों ने इन्हीं दुर्दांत अपराधियों में से ऐसे कई हीरो तैयार किए हैं, जो आपकी रूह को स्पर्श कर सकते हैं।

उन्होंने अपने गानों में भय, आशंका, क्रोध, दर्द और हताशा जैसी उन तमाम भावनाओं को पिरोया है, जिनसे जेल की जिंदगी में उनका वास्ता पड़ता है। छह गानों के इस एलबम में उन्हें समाज में वापस स्वीकारे जाने की बात को भी रेखांकित किया गया है। इस एलबम को 31 जनवरी की शाम जस्टिस गीता मित्तल के हाथों रिलीज किया गया। इन ग्रुप मेंबर्स के बीच एक कॉमन बात यह है कि इन सबने अपनी संगीत प्रतिभा को जेल में आने के बाद ही पहचाना। इनमें से कुछ लोगों ने जेल में ही दो से तीन वर्षों में अपने हुनर को निखारा। पहले उन्होंने कुछ साथी कैदियों के समक्ष अपनी कला का प्रदर्शन किया, बाद में उनकी ऑडियंस की तादाद 100 तक पहुँच गई और आखिर में यह संख्या बढ़ते-बढ़ते 2000 से ऊपर हो गई। इस तरह धीरे-धीरे उनका आत्मविश्वास भी बढ़ता गया।

जेल में बंद अनेक अपराधियों व विचाराधीन कैदियों ने साथ मिलकर अपना अनूठा 'जेलहाउस रॉक बैंड' तैयार किया और खुद ही अपने गाने लिखे व धुनें तैयार कीं। इन बैंड मेंबर्स को एक संगीत प्रतियोगिता के माध्यम से चुना गया। इनमें से कई कैदियों ने जेल में रहते हुए ही महीनों व सालों की मेहनत से गाना-बजाना सीखा। राजेश खन्ना, अमिताभ बच्चन, मनोज कुमार, एल्विस प्रेस्ले और जॉन लेनन इत्यादि ने रील लाइफ में इस तरह की कई चीजें की होंगी, लेकिन रियल लाइफ में संभवत: यह पहली बार है, जब जेल कैदियों ने अपना म्यूजिक एलबम लॉन्च किया, जिसके गाने लिखने और धुन बनाने समेत सारे काम उन्होंने खुद ही किए हैं।

फंडा यह है कि भगवान् का कोई भी सृजन बुरा या बेकार नहीं है। हमें ही यह पता नहीं है कि किस तरह किसी व्यक्ति की खूबी को पहचानकर उसे निखारा जाए। यही वजह है कि कुछ लोग दिग्भ्रमित होकर गलत दिशा पकड़ लेते हैं और ऐसी जगह पहुँच जाते हैं, जिसे हम 'जेल' कहते हैं।

□

काम का जज्बा हो तो उम्र मायने नहीं रखती

रंगमंच व फिल्मों की मशहूर अदाकारा जोहरा सहगल ने पिछले महीने अपने जीवन का शतक पूरा किया। इस अवसर पर दैनिक भास्कर ने उनकी एक केक काटती हुई तसवीर प्रकाशित की, जिसका शीर्षक था 'बुड्ढा होगा तेरा बाप'। इस अभिनेत्री के लालित्य और मुसकान ने पिछले साठ सालों से बॉलीवुड सिनेमा को रोशन कर रखा है। उनकी खुशमिजाजी और जोश थिएटर व फिल्मों में समान रूप से नजर आता रहा है। वे आखिरी बार संजय लीला भंसाली की फिल्म 'साँवरिया' में नजर आई थीं।

ऑस्कर विजेता हॉलीवुड अभिनेता मॉर्गन फ्रीमैन ने इसी 1 जून को जीवन के 75 बसंत पार किए, लेकिन वे जरा भी सुस्त नहीं पड़े हैं। जल्द ही वे बैटमैन शृंखला 'द डार्क नाइट राइजेस' में नजर आएँगे। फिलहाल वह टॉम क्रूज संग 'ऑब्लिवियन' जैसी विज्ञान-फंतासी फिल्म की शूटिंग कर रहे हैं। लेकिन वे अपने इस व्यस्त शेड्यूल में से भी अपने पसंदीदा प्रोजेक्ट के लिए समय निकाल ही लेते हैं। उनका यह पसंदीदा प्रोजेक्ट 'थ्रू द वर्महोल विद मॉर्गन फ्रीमैन' नामक टी.वी. शो है, जिसका 6 जून से साइंस चैनल पर तीसरा सीजन शुरू हुआ है। फ्रीमैन इस सीरीज के एक्जीक्यूटिव प्रोड्यूसर व होस्ट हैं। मुझे याद है कि जब जूलिया चाइल्ड की मौत हुई, तब उनके 92 साल के होने में कुछ ही दिन शेष थे। उन्होंने जीवन के नौवें दशक में प्रवेश करने से कुछ समय पहले तक टेलीविजन पर काम किया और वे लिखती भी रहीं। इसी

तरह हममें से कई लोगों ने पूर्व अमेरिकी राष्ट्रपति जॉर्ज एच.डब्ल्यू. बुश को अस्सी साल की उम्र में एक हवाई जहाज से कूदते हुए देखा है। मदर टेरेसा भी अपने जीवन की अंतिम साँस तक सक्रिय रहीं। इस साल 11 अक्तूबर को 70 साल के होने जा रहे बॉलीवुड के महानायक अमिताभ बच्चन कदाचित ही घर में रुकते हैं। आज भी जब वे किसी सेट पर पहुँचते हैं तो उनकी व अन्य अभिनेत्रियों की उम्र में कम-से-कम चालीस बरस का फासला होता है। उनके बारे में सबसे अहम बात यह है कि इस उम्र में भी वे बॉक्स ऑफिस पर सर्वाधिक चलने वाले सितारों में से एक हैं और टी.वी. पर भी उनका सिक्का खूब चलता है।

मैंने एक किताब पढ़ी थी, जिसका शीर्षक था 'इट हैज नथिंग टू डू विद एज'। यह किताब ऐसे लोगों के बारे में है, जो खुद को शारीरिक चरम सीमाओं तक ले जाने का हौसला रखते हैं और उम्र को कभी अपने ऊपर हावी नहीं होने देते। इस किताब में कुछ सेल्फ-हेल्प सिद्धांत हैं। इसकी प्रेरणादायी गाथाओं में जीवन की चुनौतियों से पार पाने के ठोस दृष्टांत दिए गए हैं। इसमें बताया गया कि किस तरह लोगों ने अवसाद, विषाद, तलाक व मौत इत्यादि से जुड़ी मुश्किलों से पार पाया। इसमें एथलीट्स द्वारा शारीरिक क्षति, चोट, वजन बढ़ने की समस्याओं पर काबू पाने के अलावा शराब और तंबाकू जैसी लतों से पीछा छुड़ाने के बारे में भी बताया गया है। शोध बताते हैं कि व्यायाम डिप्रेशन, स्ट्रोक, हृदय रोग, दिमागी या संज्ञानात्मक खराबी और एल्जाइमर्स जैसे रोगों के उपचार का एक अहम घटक है। आज जब मैं अमिताभ बच्चन को सुबह ठीक 6:10 पर मुंबई के जुहू इलाके में स्थित जेडब्ल्यू मेरियट होटल के जिम में प्रवेश करते हुए देखता हूँ तो मुझे यकीन हो जाता है कि वे लगातार बढ़ती अपनी उम्र को चुनौती दे रहे हैं।

फंडा यह है कि सरकार व कंपनियाँ अपने कर्मचारियों को एक निश्चित उम्र के बाद रिटायर कर सकती हैं, लेकिन आपको अपने जीवन से रिटायर होने की जरूरत नहीं है। बढ़ती उम्र को हराने के लिए अपने आपको लगातार पुश करें और फिर देखें कि कैसे आपके व्यक्तित्व में चमक आ जाती है।

□

उम्मीद न करें, सीधे फैसले पर आएँ

कल लंदन के हीथ्रो हवाई अड्डे के कस्टम हॉल के बाहर विजिटर्स गैलरी में मुझे एक जीवन बदल देने वाला अनुभव मिला। मैं यह देख ही रहा था कि मुझे लेने आए मेरे रिश्तेदार कहाँ खड़े हैं, तभी मैंने गौर किया कि एक आदमी दो हलके बैग लेकर मेरी ओर आ रहा है। वह ठीक मेरे बाजू में आकर खड़ा हो गया, जहाँ उसके परिजन उसे लेने आए थे। उसने अपने हाथ में थामे बैगों को नीचे रखा और पहले अपने सबसे छोटे बेटे (जो तकरीबन छह साल का होगा) से मुखातिब हुआ। उसने उसे एक प्यार भरी जादू की झप्पी देने के बाद उसकी आँखों में आँखें डालते हुए कहा, ''तुम्हें देखकर बहुत अच्छा लगा बेटे। मैंने तुम्हें बहुत मिस किया।'' ''मैंने भी, डैड।'' उसके बेटे ने चेहरे पर हलकी सी मुसकान लाते हुए जवाब दिया। इसके बाद वह शख्स अपने बड़े बेटे (जो 9-10 साल का होगा) की ओर मुड़ा और उसके चेहरे को अपनी हथेलियों में थामते हुए कहा, ''तुम अब बड़े हो गए हो। मैं तुम्हें बेहद प्यार करता हूँ जैक!'' जब यह सब हो रहा था, तब उसकी एक डेढ़ साल की नन्ही बेटी अपनी माँ की बाँहों में मचलते हुए लगातार अपने पिता को देखे जा रही थी। उसने हौले से अपनी बेटी को बाँहों में लिया और उसके चेहरे को चूमते हुए उसे अपने सीने से चिपका लिया। इससे बच्ची तुरंत शांत हो गई और उसने अपने पिता के कंधे पर सिर रख

लिया। कुछ देर तक दोनों इसी अवस्था में रहे। इसके बाद उस शख्स ने अपनी बेटी को बड़े बेटे को दे दिया और अपनी बीवी से मुखातिब होते हुए बोला, ''और अब तुमसे भी मिल लिया जाए।'' यह कहते हुए उसने अपनी बीवी का इतना जबरदस्त चुंबन लिया, जैसा मैंने एयरपोर्ट जैसी सार्वजनिक जगह पर पहले कभी नहीं देखा था और वह कुछ देर तक अपनी पत्नी की आँखों में देखता रहा और फिर धीरे से बोला, ''मैं तुमसे बेहद प्यार करता हूँ।''

उन्हें देखकर लगा, जैसे वे कोई नव-दंपती हों, लेकिन उनके बच्चों की उम्र को देखते हुए ऐसा संभव नहीं था। मैं थोड़ी देर तक इसी उधेड़बुन में खड़ा रहा और तभी मुझे खयाल आया कि मैं किस कदर इस निस्स्वार्थ प्यार के नजारे में खो गया था। अचानक मैंने खुद को थोड़ा असहज महसूस किया, मानो मैंने किसी मर्यादा का उल्लंघन कर दिया हो, लेकिन तभी स्वत: मेरे मुख से निकला, ''वाह! आपकी शादी को कितने साल हो गए?''

''हम दोनों चौदह साल से साथ हैं और बारह साल पहले हमारी शादी हुई।'' उस शख्स ने अपनी पत्नी से नजर हटाए बगैर जवाब दिया। इसके बाद मैंने उससे पूछा, ''खैर, आप दोनों कितने समय बाद मिल रहे हैं?'' अब उस शख्स ने मेरी ओर नजर घुमाई और कहा, ''पूरे दो दिन बाद।'' ''दो दिन?'' उसका जवाब सुनकर मैं सन्न रह गया। वे आपस में जिस भावनात्मक तीव्रता के साथ मिल रहे थे, उसे देखकर मुझे लगा था कि वह शख्स महीनों नहीं, तो कई हफ्तों तक अपने परिवार से दूर रहा था।

खैर, मैंने उनके इस मेल-मिलाप के बीच अपने बेजा दखल का अंत करते हुए (और वापस अपने रिश्तेदारों को खोजने की खातिर) कहा, ''मैं उम्मीद करता हूँ कि मेरी 24 साल की शादीशुदा जिंदगी में अब भी ऐसी ही भावनात्मक तीव्रता हो।'' यह सुनकर उस शख्स ने मेरी आँखों में झाँकते हुए कुछ ऐसी बात कही, जिसने मुझे लाजवाब कर दिया। उसने कहा, ''उम्मीद मत करो दोस्त···निर्णय करो!'' यह कहकर उसने चेहरे पर मुसकान लाते हुए मुझसे हाथ मिलाया और कहा, ''ईश्वर आपके साथ रहे।''

फंडा यह है कि हम किसी भी चीज को हलके में लेते हुए यह उम्मीद न करें कि कुछ तो अच्छा होगा। इसके बजाय तुरंत फैसला करें और हर चीज का मजा लें। आखिर जिंदगी में हर चीज के लिए हमारा ऐसा फलसफा क्यों नहीं हो सकता?

□

हमारे दिमाग की ही उपज हैं हमारी हदें

दो महीने पहले मैं एक बालिका के 'अरंगेट्रम' में शामिल होने के लिए चेन्नई में था। तमिल में 'अरंगेट्रम' का आशय है एक प्रशिक्षित भरतनाट्यम नर्तक/नर्तकी की अपने गुरुओं और शुभचिंतकों समेत अन्य दर्शकों के समक्ष पहली सार्वजनिक प्रस्तुति। इस कार्यक्रम की योजना इस तरह बनाई गई थी कि उस बालिका को कोई दिक्कत न आए। उसकी प्रस्तुतियाँ छोटे-छोटे संक्षिप्त हिस्सों में विभाजित थीं, जिनमें नृत्य के सामान्य परंपरागत प्रारूप से मामूली सी भिन्नता थी। इसमें एक बेहतरीन कोरियोग्राफ किया हुआ पीस भी शामिल था, जिसमें राम और कृष्ण जैसे देवताओं की स्तुति की गई थी। एक रिकॉर्डेड कंपोजिशन पर उसकी प्रस्तुति के साथ इस समारोह की शुरुआत हुई। हॉल खचाखच भरा था और मौजूद दर्शकों में उसके परिजन व मित्रों समेत गण्यमान्य लोग तथा उसे प्रशिक्षण देने वाली डांस अकादमी के छात्र/छात्राएँ भी शामिल थे।

कार्यक्रम शुरू होने के मात्र पंद्रह मिनट के भीतर अचानक बिजली गुल हो गई और बैकअप जेनरेटर भी बंद था। ऐसे में वहाँ हर कोई उस बच्ची को लेकर फिक्रमंद था। विद्युत् व्यवस्था बहाल होने में तकरीबन 15 मिनट लगे। बहरहाल इसके बाद कार्यक्रम आगे बढ़ा और अंत तक चलता रहा। शुरुआती रिकॉर्डेड संगीत रचनाओं के बाद लाइव म्यूजिशियंस ने मोरचा सँभाला और सबकुछ बढ़िया ढंग से चला।

आखिर मैं यह सब क्यों बता रहा हूँ, दरअसल वह पंद्रह वर्षीय बालिका

ठीक से देख नहीं सकती है। उसकी आँखों में 70-80 प्रतिशत रोशनी नहीं है। जब बत्तियाँ गुल हुईं तो वह मंच पर शांतचित्त ढंग से तब तक खड़ी रही, जब तक चीजों को दुरुस्त नहीं कर लिया गया। उसके बाद उसने अपनी नृत्य प्रस्तुति को निर्दोष ढंग से आगे बढ़ाया, मानो कुछ हुआ ही न हो। आखिर किसी भी दृष्टि-बाधित इनसान के लिए एक सार्वजनिक मंच पर बगैर किसी सहायता के 'अरंगेट्रम' की प्रस्तुति देना वाकाई कमाल की बात है। हर कदम गिना हुआ और स्टेज की माप के मुताबिक पड़ना चाहिए तथा म्यूजिक व कोरियोग्राफी में उचित तालमेल होना चाहिए।

कार्यक्रम के खत्म होने पर सभी दर्शकों ने अपनी जगह पर खड़े होकर जोरदार तालियाँ बजाईं। मैं उसका प्रेजेंस ऑफ माइंड और धैर्य देखकर दंग रह गया। मुझे बताया गया कि श्रेया नामक उस बालिका ने खुद 'अरंगेट्रम' प्रस्तुति पर जोर दिया। वह इसे अपने बोर्ड्स (जिसमें उसके सख्त मिजाज डांस गुरु शामिल थे) के समक्ष देना चाहती थी। वह एक मेधावी छात्रा है और मैथ्स व साइंस हमेशा से उसके पसंदीदा विषय रहे हैं। उसने अपनी स्कूली शिक्षा एक सामान्य स्कूल से प्राप्त की, जिसमें उसे स्कूल वालों की ओर से भी काफी सहयोग व प्रोत्साहन मिला। उसे सिर्फ इतनी रियायत होती कि परीक्षाओं में अपना पेपर निपटाने के लिए उसे एक अतिरिक्त घंटा मिल जाता। दुर्भाग्य से वह अपनी साइंस की पढ़ाई जारी नहीं रख सकी, लिहाजा उसने कॉमर्स को चुना, जिसमें मैथ्स उसका मुख्य विषय है। मैं इस छोटी सी लड़की के साथ-साथ उसकी माँ को भी सलाम करता हूँ, क्योंकि उन्होंने अपनी बच्ची की बेहतर परवरिश करते हुए उसे फाइटर बनना सिखाया, जो किसी भी तरह की बाधाओं के आगे हार न माने। उस बालिका से मुझे जीवन का यह अनमोल सबक मिला कि हमारे द्वारा तय की गई तमाम हदें वास्तव में हमारे दिमाग से ही उपजती हैं।

फंडा यह है कि कभी हार न मानें और खुद पर भरोसा रखें। मैं यह किस्सा आप सबके साथ इसलिए साझा कर रहा हूँ, ताकि आप जान सकें कि फेसबुक पर तमाम कट ऐंड पेस्ट वॉलपोस्ट से कहीं अधिक सकारात्मक व प्रेरणादायी गाथाएँ असल जिंदगी में मौजूद हैं।

□

अपनी आजादी के लिए शुक्रिया जताएँ हम

हॉल से पेपर लाकर बेडरूम में मेरे हाथ में पकड़ाने पर मैं अपनी बेटी को हमेशा शुक्रिया कहता था। यदि कभी मैं किसी फोन कॉल में व्यस्त होने की वजह से उससे धन्यवाद नहीं कह पाता तो वह मूर्ति की तरह खड़ी रहती और कुछ देर बाद मुझसे कहती आप कुछ कहना भूल गए हैं, मैं तुरंत खेद व्यक्त करते हुए उसे मुसकराकर थैंक्स कहता। इसके बाद वह अपनी ट्राई-साइकिल पर बैठकर वापस खेलने चली जाती।

यह तो खैर 18 साल पुरानी बात है, लेकिन आज भी वह उम्मीद करती है कि मैं उसके द्वारा किए जाने वाले छोटे-मोटे कामों के लिए थैंक्स कहूँ। वह इस शब्द को सुन-सुनकर थकी नहीं है और न ही मैं इसे दोहराते हुए।

महाराष्ट्र में वर्धा के निकट सेवाग्राम गांधी आश्रम में मेरा काफी बचपन गुजरा है। वहाँ भी स्वतंत्रता दिवस पर बच्चे अपने बड़ों को आजादी दिलाने के लिए धन्यवाद कहते थे। आश्रम में ऐसे कई वरिष्ठजन मौजूद थे, जिन्होंने स्वतंत्रता के आंदोलन में हिस्सा लिया था और ब्रिटिश राज की मुखालफत करते हुए जेल काटी थी।

बचपन की इस आदत के चलते मैं जब भी नई दिल्ली में इंडिया गेट के पास अमर जवान ज्योति के सामने से गुजरता हूँ तो मेरा सिर

श्रद्धा से अपने-आप झुक जाता है। मैं उन शहीद सैनिकों को नमन करना नहीं भूलता, जिन्होंने अपने प्राणों की आहुति देकर हमारी आजादी की रक्षा की। मेरे लिए वे सैनिक महान् हैं, जो बीस हजार फीट की ऊँचाई पर शून्य से 70 डिग्री कम तापमान पर रहकर हमारी सीमा की रक्षा करते हैं।

मैं अकसर सोचता हूँ कि उन्हें एक ग्रीटिंग कार्ड भेजना चाहिए, जिसमें भारतीय होने के नाते उन पर गर्व करने का संदेश हो। हमें उनके समर्पण और जिम्मेदारी की सराहना करते हुए उनका धन्यवाद करना चाहिए। हाल ही में मुझे 21 फूल्स डॉट कॉम वेबसाइट पर जाने का मौका मिला। जयपुर, राजस्थान से ऑपरेट की जाने वाली यह वेबसाइट मेरी सोच जैसा ही काम करती है। यह साइट महज 50 रुपए की मामूली फीस लेकर हर सैनिक को ग्रीटिंग कार्ड भेजती है। इसके लिए वेबसाइट ने भारतीय सेना और कुछ कॉरपोरेट घरानों के साथ टाइअप किया हुआ है। साइट द्वारा भेजे जाने वाले ग्रीटिंग काड्‌र्स को-डिजाइन भारत के 28 राज्यों में वास करने वाले लोगों पर केंद्रित है। गौरतलब है अपने जीवनसाथी, बच्चों और अभिभावकों के प्रति अपना स्नेह प्रदर्शित करने के लिए बोला जानेवाला 'आई लव यू' बेहद सामान्य वाक्य है। हम इस वाक्य का इस्तेमाल यह जानते हुए करते हैं कि वे हमारी भावनाओं से भली-भाँति परिचित हैं। हम उन्हें काड्‌र्स और फूलों के गुलदस्ते भेंट कर उनके प्रति अपने अनुराग को दरशाते रहते हैं। इसी तरह हमारे जवान जानते हैं कि प्रत्येक भारतीय उन्हें उनकी बहादुरी के लिए सराहता है। इसके बावजूद कभी-कभी इसे शब्दों द्वारा प्रदर्शित करना भी जरूरी हो जाता है। इसे समझते हुए आज स्वतंत्रता दिवस के मौके पर उन सभी लोगों को धन्यवाद कहें, जो हमारे देश की रक्षा कर रहे हैं। अगर आपको अपने आसपास ऐसे लोग नहीं मिले तो फेसबुक, ट्विटर पर यह संदेश दें। उन्हें पत्र भी लिख सकते हैं।

फंडा यह है कि धन्यवाद देना एक अच्छी मैनेजमेंट प्रैक्टिस है। यह सिर्फ शब्दों तक सीमित नहीं होना चाहिए। अपने कर्मों, मुसकान, तोहफों और शारीरिक हाव-भाव से भी प्रदर्शित होनी चाहिए। क्या हम धीरूभाई अंबानी या जे.आर.डी. टाटा को उनकी जयंती पर याद नहीं करते? क्या हम प्रत्येक ओलंपिक पर मिल्खा सिंह को याद नहीं करते? क्या हम इंडिया गेट पर अमर जवान ज्योति के समक्ष नमन कर अमर शहीदों को याद नहीं करते? हमारी जिंदगी में खुशहाली और आनंद देने वाले प्रत्येक शख्स को धन्यवाद देना ही हमारी संस्कृति है।

□

आप किसी भी स्तर पर रहते हुए बुराई से लड़ सकते हैं

चेन्ने गौड़ा बेंगलुरु में कलासाईपलयम में अल्बर्ट विक्टर रोड पर इडली का एक मामूली विक्रेता है। उसकी इडली ज्यादातर श्रमिक वर्ग ही खरीदता है। उसकी पत्नी घर पर इडलियाँ पकाती है, जिन्हें उसके बच्चे लाकर उसे देते हैं और वह इन इडलियों को बेचकर जैसे-तैसे अपने परिवार का गुजारा करता है। उसकी महीने भर की कमाई 10,000 रुपए से कम ही होगी। इसमें से भी 4,000 रुपए घर के किराए में चले जाते हैं। हर दिन की कमाई में से उसे 150 रुपए इडली की गुमटी के किराए के रूप में, 40 रुपए बिजली के लिए और 1,000 रुपए किराना के सामान के लिए चुकाने पड़ते हैं। उसका कर्ज 85,000 रुपए तक पहुँच चुका है।

कुछ रुपए उसे स्थानीय पार्षद, नगरीय निकाय के अधिकारियों और इलाके के पुलिसकर्मियों को भी घूस के रूप में देने पड़ते हैं। वह गाँव में अपने बुजुर्ग माता-पिता को भी कुछ रुपए भेजता है। हर महीने उसे तकरीबन 500 रुपए तक घूस देनी पड़ती है, ताकि उसकी अपंजीकृत गुमटी के लिए कोई उसे परेशान न करे। मगर पिछले हफ्ते जब वह रोज की तरह अपनी गुमटी पर इडली बेच रहा था, कुछ लोग फिल्मी स्टाइल में वहाँ आए और

बगैर किसी कारण के उसे पकड़कर ले गए। वे उसकी गुमटी की चाबियाँ भी ले गए। वे लोग खुद को कांग्रेसी पार्षद अव्वई का समर्थक बता रहे थे और उन्होंने गौड़ा से कहा कि वह तुरंत अव्वई से जाकर मिले।

जब गौड़ा अव्वई से जाकर मिला तो उसका कहना था कि उसे पर्याप्त हिस्सा नहीं मिल रहा है और 35,000 रुपए की माँग की। गौड़ा ने हाथ जोड़कर विनती करते हुए रकम कुछ कम करने के लिए कहा। आखिरकार उसे इस शर्त पर घर जाने दिया गया कि वह दो दिन के भीतर अव्वई को 20,000 रुपए लाकर देगा।

इस नई माँग से परेशान गौड़ा अपने घर पहुँचा और अपने परिवार का आखिरी सोने का जेवर भी 24 टका ब्याज पर गिरवी रख दिया। उसे इस सोने की अँगूठी के बदले में 15,000 रुपए मिले। उसे अब और कहीं से कर्ज मिलने की आस भी नहीं थी। हारकर उसने लोकायुक्त का दरवाजा खटखटाया।

वे उसकी मदद के लिए तैयार हो गए। इस मंगलवार को मैं इस महिला पार्षद से जाकर मिला और जब वह गौड़ा से घूस के पैसे ले रही थी, तभी उसे रँगे हाथों गिरफ्तार कर लिया गया। इसके नतीजों को ध्यान में रखते हुए लोकायुक्त ने खुफिया तौर पर गौड़ा की छोटी सी इडली शॉप के लिए सुरक्षा का इंतजाम भी किया, ताकि उसके परिवार की आजीविका पहले की तरह चलती रहे। उन्होंने गौड़ा के इस साहसिक कृत्य के लिए उसे व उसके परिजनों को भी सुरक्षा मुहैया कराई।

लोकायुक्त डिप्टी सुपरिंटेंडेंट डॉ. एम. अश्विनी (जिनकी निगरानी में यह जाल बिछाया गया) ने भरोसा दिलाया कि सुरक्षा देने के अलावा वे भविष्य में भी तमाम जरूरी मदद मुहैया कराते रहेंगे। हालाँकि गौड़ा ने अपनी जान के डर से कुछ समय के लिए दुकान पर आना बंद कर दिया। लेकिन वह कहता है कि अब से किसी को घूस नहीं देगा।

उसके इस कृत्य को देख मुझे भ्रष्टाचार के खिलाफ आवाज उठाने वाले शनमुघम मंजूनाथ जैसे लोगों की याद आ गई। आई.आई.एम., लखनऊ से ग्रेजुएट शनमुघम मंजूनाथ इंडियन ऑयल कॉरपोरेशन में कार्यरत थे। सन् 2005 में उत्तर प्रदेश के लखीमपुर खीरी में पदस्थ मंजूनाथ ने जब पेट्रोल में

मिलावट के गोरखधंधे के खिलाफ आवाज उठाई तो उनकी निर्ममता से हत्या कर दी गई। इसी तरह इसी साल गरमियों में आई.पी.एस. अफसर नरेंद्र कुमार की ग्वालियर के निकट खनन माफिया द्वारा हत्या कर दी गई।

फंडा यह है कि समाज में व्याप्त बुराई से लड़ने के लिए आपके पास धनबल या बाहुबल का होना जरूरी नहीं है। आपके भीतर भ्रष्टाचार के खिलाफ लड़ने की इच्छाशक्ति व जिद होनी चाहिए। गलत को रोकने के लिए सामाजिक स्तर या धनबल का होना कदाचित ही मायने रखता है।

□

लीक से हटकर चलने वालों का विरोध होता ही है

बांग्लादेश स्वाधीनता संग्राम के दौरान पाकिस्तान से भारत आए अस्सी लाख से ज्यादा शरणार्थियों की खराब हालत को देख पंडित रविशंकर अंदर तक व्यथित थे और उनकी हरसंभव मदद करना चाहते थे। लिहाजा उन्होंने इन शरणार्थियों के लिए फंड जुटाने हेतु एक कंसर्ट आयोजित करने की योजना बनाई और 'बीटल्स ग्रुप' के अपने करीबी मित्र जॉर्ज हैरिसन से संपर्क साधते हुए उन्हें भी इसके साथ जोड़ लिया। रविशंकर के इस मानवतावादी दृष्टिकोण ने बांग्लादेश के लिए कंसर्ट आयोजित करने की अवधारणा का बीज बोया। जॉर्ज हैरिसन की मदद के साथ यह कंसर्ट फंड जुटाने की दिशा में पहला बड़ा आयोजन बन गया, जिसने आगे चलकर कई अन्य लोगों को भी चैरिटी कंसर्ट के लिए प्रेरित किया।

सालों पहले नई दिल्ली में मैंने सर्दियों के ऐसे ही सीजन में दिल्ली शास्त्रीय संगीत समारोहों में कुछ असाधारण कंसट्र्स का लुत्फ उठाया, जहाँ पर संगीत जगत् से जुड़े दिग्गजों ने अपनी कला के जरिए श्रोताओं के दिलों के तार झंकृत कर दिए। यह वह पुराना संगीत का शुद्धतावादी दौर था जब एक ही राग को घंटों तक लगातार बजाया जाता था। उस दौर में कंसट्र्स हॉल

में मौजूद श्रोताओं या जनसमूह को खुश करने के लिए नहीं होते थे वरन् ये संगीत और संगीतकार के आध्यात्मिक पक्ष को उभारते हुए एक ध्यान की तरह होते थे, जहाँ पर श्रोता भी ध्यान का आनंद लेते थे। पं. रविशंकर हमेशा हिंदुस्तानी शास्त्रीय संगीत में संगीत से जुड़ी अन्य परंपराओं (भारतीय व पाश्चात्य दोनों) के विभिन्न तत्त्वों के समागम के नए-नए तरीके खोजते रहते थे। इस महान् सितारवादक ने कर्नाटक संगीत के अनेक तत्त्वों को उत्तर भारतीय संगीत में समाहित किया। उन्होंने म्यूजिकल कंसर्ट्स में तबलावादकों को भी नया मुकाम दिलाया। 'बीटल्स' के अपने करीबी दोस्त हैरिसन (जो उनके आजीवन विश्वासपात्र रहे) पर अपने जबरदस्त प्रभाव तथा मॉटेरी ऐंड वुडस्टॉक फेस्टिवल्स जैसे आयोजनों में मौजूदगी के जरिए वे पश्चिमी जगत् में एक जाना-माना नाम बन गए। उनसे पहले किसी और भारतीय संगीतकार को ऐसी ख्याति नहीं मिली। रविशंकर ने येहुदी मेनुहिन के साथ अपनी जुगलबंदी के लिए वॉयलिन-सितार कंपोजिशंस तैयार की, बाँसुरीवादक जीन पियरे रामपाल के लिए संगीत तैयार किया और फिलिप ग्लास के साथ भी उनकी जुगलबंदी मशहूर रही। उन्होंने 'द बीटल्स', 'द बायड्र्स', 'कॉर्नरशॉप' जैसे रॉक बैंड्स और अनगिनत जैज व शास्त्रीय संगीत के कलाकारों समेत संगीतज्ञों व श्रोताओं की अनेक पीढ़ियों को प्रेरित किया। फिल्मों में बतौर संगीतकार सत्यजीत राय की 'अपु त्रयी' और रिचर्ड एटनबरो की 'गांधी' में उनके द्वारा दिया गया संगीत आज भी हमारी स्मृति में ताजा है। अपने आखिरी समय तक पंडितजी (लोग उन्हें प्यार से इसी नाम से पुकारते थे) भारत के सबसे प्रभावशाली सांस्कृतिक दूत रहे। उनके निधन के साथ उनका संगीत हमारे लिए एक अहम संदेश छोड़ गया है—हमें किसी भी चीज में प्रयोग करने से डरना नहीं चाहिए और विभिन्न संस्कृतियों व परंपराओं से बेहतरीन हासिल करने की कोशिश लगातार करते रहना चाहिए, ताकि हमारा जीवन और ज्यादा खूबसूरत व सार्थक बन सके। पंडितजी ने जब हिंदुस्तानी शास्त्रीय संगीत में अन्य शैलियों का समागम किया तो कुछ आलोचकों ने इसे 'अपरिपक्व' करार देते हुए उनका उपहास उड़ाया। लेकिन विरोध के बावजूद यह उनके सतत प्रयासों का ही नतीजा था, जिसने उन्हें अंतरराष्ट्रीय स्तर पर पहचान व

प्रतिष्ठा दिलाई। पूरब और पश्चिम के सर्वश्रेष्ठ संगीत के समागम के उनके इस प्रयास को समय के साथ अटलांटिक के दोनों ओर के लोगों ने उसी तरह खुले दिल से स्वीकार किया, जैसे भारत में उनके कद्रदानों ने।

फंडा यह है कि जब हम कुछ गैर-पारंपरिक काम करते हैं तो विरोधी स्वर उठना स्वाभाविक है। लेकिन ऐसे विरोध के प्रति सख्त रहें। लीक से हटकर किया गया काम हमेशा गुस्से, अवरोध और कुछ तनी हुई भृकुटियों को आमंत्रित करता है, लेकिन तमाम प्रतिकूलताओं के खिलाफ डटे रहने वाले लोग ही आखिर में सफल होते हैं और अपनी ऐसी छाप छोड़ जाते हैं, जो दूसरों के लिए प्रेरणादायी होती है।

□

इनसान के लिए कोई सीमा नहीं होती

एक साधारण प्रयोग करें। कुछ मक्खियों को लें और उन्हें एक जार में बंद कर दें। कुछ समय बाद जार से ढक्कन हटाएँ। आप पाएँगे कि एक-दो को छोड़कर बाकी सभी मक्खियाँ जार की दीवार से ही चिपकी बैठी हैं। उनका शरीर और दिमाग यह बात मान चुका होता है कि वे कैद में हैं और यहाँ से निकल नहीं सकतीं।

इसी तरह एक्वेरियम में काम करने वाले लोग आपको बताएँगे कि आप मछलियों को जाल के भीतर एक दायरे में बाँध सकते हैं। आप एक बड़े से काँच के टैंक में कुछ मछलियों को डालें और टैंक के बीच-बीच में पारदर्शी काँच के कुछ पार्टिशनों को डाल दें। कुछ समय बाद इन काँच के पार्टिशनों को हटा दें। आप पाएँगे कि मछलियाँ तैरते हुए उस छोर तक जाती हैं, जहाँ पहले पार्टिशन था और लौट आती हैं। उनके दिमाग में यह बात बैठ चुकी होती है कि उनका दायरा वहीं तक है।

इस तरह के तमाम प्रयोग प्राणिमात्र की समझ की प्रक्रिया के लिहाज से एक बेहद अहम तथ्य की ओर इशारा करते हैं। दरअसल, किसी चीज के बारे में हमें जैसे शुरुआती अनुभव होते हैं। और हम उनकी जैसी व्याख्या करते हैं, उसी के आधार पर हमारा तंत्रिका-तंत्र कार्य करने लगता है और धीरे-धीरे यह प्रक्रिया धारणा के रूप में तब्दील हो जाती है। कोई भी बात,

जो हमारी शुरुआती व्याख्या को मजबूत नहीं करती, वह तंत्रिका तंत्र में भी नहीं जाती। लिहाजा यदि आप किसी चीज के बारे में यह मानकर चलते हैं कि ऐसा नहीं हो सकता तो आपका तंत्रिका तंत्र भी इसे स्वीकार नहीं करेगा। वेदों में कहा गया है कि इनसानी शरीर किसी समय या दायरे में कैद कोई जमी हुई मूरत नहीं है। नि:शक्त लोगों के लिए संचालित दुनिया के पहले उपचारात्मक थिएटर 'एबिलिटर अनलिमिटेड' के आर्टिस्टिक डायरेक्टर सैयद सलाउद्दीन इस वेदोक्ति पर पूरी तरह भरोसा करते हैं। उनके छात्र/छात्राओं में एक चीज समान है। ये सभी नि:शक्त हैं (जिनमें में कुछ सुन नहीं सकते) तथा कुछ ऐसा करने के लिए कृतसंकल्प हैं, जिसके बारे में दुनिया मानती है कि ये ऐसा कर ही नहीं सकते। ये छात्र/छात्राएँ दरअसल 11 नर्तक/नर्तकियाँ हैं। इनमें चार लड़कियाँ और सात लड़के हैं, जो एक सूफी डांस से शुरुआत करते हैं। भगवद्गीता के किरदारों में ढल जाते हैं और मंच पर घूमते हुए एक जीवंत संरचना तैयार करते हैं। ये व्हील चेयर पर बैठ साठ मिनट तक अपनी बेजोड़ प्रस्तुति से आपको बाँधे रखते हैं।

डांस गुरु पाशा तीन दशक से इस दिशा में काम कर रहे हैं। वह उपचारकों और चिकित्सकों के परिवार से हैं और मानते हैं कि संगीत, नृत्य और योग इस तरह के नि:शक्त लोगों के उपचार में चमत्कारक रूप से मददगार साबित हो सकते हैं। उनके मुताबिक नृत्य लोगों के शारीरिक व मानसिक अवरोधों को खोल देता है और इनसानी शरीर की माइक्रोकॉस्मिक कोशिकाओं पर काम करता है।

अपने शिष्यों के लिए इस तरह का अनूठा भरतनाट्यम कोरियोग्राफ करने की खातिर खुद पाशा को 15 वर्षों तक घंटों व्हीलचेयर पर रहना पड़ा। वे कहते हैं कि यह दुनिया का इकलौता संस्थान है, जहाँ पर आप व्हीलचेयर तक सीमित रहने वाले नर्तकों को भरतनाट्यम की प्रस्तुति करते देखते हैं। झारखंड, उत्तर प्रदेश, बिहार जैसे विभिन्न प्रदेशों से आने वाले उनके ये छात्र/छात्राएँ अलग-अलग पृष्ठभूमि से जुड़े हैं।

वे दिल्ली में एक आश्रम में रुकते हैं, जहाँ उन्हें मुफ्त शिक्षा भी दी जाती है। यह आश्रम पाशा परिवार द्वारा चलाया जाता है। हरेक शो के बाद

इन नर्तकों को दर्शकों की भरपूर सराहना मिलती है। वे मानते हैं कि यदि उनकी प्रस्तुति दर्शकों के दिलों तक नहीं पहुँचती, तो उनका उद्‌देश्य पूरा नहीं होता। वे अमेरिका, वेनिस, मिलान के अलावा 'सत्यमेव जयते' जैसे टी.वी. शो में भी प्रस्तुति दे चुके हैं।

फंडा यह है कि इनसान के लिए कोई सीमा नहीं है। इस बात को कभी न भूलें कि दुनिया में आपके अलावा कोई और आपसे नहीं कह सकता कि आप अमुक काम नहीं कर सकते।

□

उद्यमशीलता को एक बार तो आजमाएँ

तमाम कर्मचारी क्लिनिकल साइकोलॉजिस्ट हैं। वे विभिन्न घरों में जाते हैं और बच्चों को तरह-तरह की चीजें सिखाते हैं। वे बच्चों को आउटडोर ट्रिप, फार्म ट्रिप, नेचर वॉक इत्यादि पर ले जाते हैं और साल में चार तरह की प्रोफेशनल वर्कशॉप आयोजित करते हैं। इसके बदले में वे सालाना 18,000 रुपए फीस लेते हैं। ये तमाम कर्मचारी एक कंपनी के लिए काम करते हैं। इस कंपनी ने इसी साल अप्रैल से अपना कार्य-संचालन शुरू किया है और इसका नाम है 'बुकबडी'।

श्याम कुमार की उम्र 33 साल है और राजीव कामथ 44 साल के हैं। ये दोनों मित्र हैं। कामथ 'कैपिटल इंडिया' नामक एक वित्तीय सेवाएँ मुहैया कराने वाली फर्म में डायरेक्टर ऑफ ऑपरेशंस थे और श्याम तकरीबन दस साल से दुबई में थे। अपनी-अपनी नौकरी छोड़ने के बाद दोनों ने एक कंपनी शुरू करने की सोची और तकरीबन डेढ़ साल तक विभिन्न कारोबारों में हाथ आजमाए, लेकिन कहीं भी सफलता नहीं मिली।

इस चक्कर में लोगों से मेल-मुलाकात करते हुए उन्हें समझ में आया कि ऐसे घरों में, जहाँ मियाँ-बीवी दोनों कामकाजी हैं और जिन्हें काम के सिलसिले में अकसर देर तक बाहर रहना पड़ता है, उनके बच्चों की जरूरतों का खयाल रखने वाला कोई नहीं होता। हालाँकि बच्चों के बरताव से कई बार

अभिभावकों को चिंता होती है, लेकिन वे कभी उन्हें साइकोलॉजिस्ट के पास नहीं ले जाते, क्योंकि इससे सोसाइटी में लोग तरह-तरह की बातें करने लगते हैं। इस हालात पर गौर करने के बाद इन दोनों ने सोचा कि अभिभावकों से अपने बच्चों को साइकोलॉजिस्ट के पास ले जाने के लिए कहने की बजाय क्यों न साइकोलॉजिस्ट्स को इनके घरों तक पहुँचाया जाए। ये साइकोलॉजिस्ट युवा प्रतिभाओं को बाहरी दुनिया (जो किसी-किसी के लिए क्रूर हो सकती है) का सामना करना सिखाते हैं। इन साइकोलॉजिस्ट्स के साथ रहते हुए बच्चे न सिर्फ ज्यादा मजबूत बनते हैं वरन् उनकी झिझक भी मिटने लगती है। कई मामलों में वे ज्यादा रचनात्मक हो जाते हैं और अपने सपनों के मुताबिक जीने की कोशिश करने लगते हैं, बगैर इस बात की परवाह किए कि दुनियावाले उनके बारे में क्या सोचेंगे।

साइकोलॉजिस्ट्स इन बच्चों के साथ टी.वी. व फिल्में देखते हैं। वे बच्चों के साथ कार्यक्रमों पर चर्चा करते हुए उन्हें साहित्यिक सोच के प्रति तैयार करते हैं। वे किरदारों या कार्यक्रमों का तुलनात्मक विश्लेषण करते हैं। वे इस तरह की चर्चाएँ करते हैं कि इसका मुख्य किरदार कौन सा है? इसका कथानक कैसा है? इसकी सेटिंग व मेन आइडिया क्या था? उनकी चर्चाओं में यह भी शामिल होता है कि कैसे फिल्म के दो किरदारों के बीच मतभेद पैदा हुए और उन्होंने इसे कैसे सुलझाया? इस तरह से बच्चों को भी लगने लगता है कि इनके बारे में चर्चा करना दिलचस्प व मजेदार हो सकता है। इन लोगों ने दिलचस्प ढंग से अपना एक विशाल ग्राहक वर्ग तैयार कर लिया है। फिलहाल उनके मुंबई जैसे शहर में 262 ग्राहक हैं और यह संख्या तेजी से बढ़ती जा रही है।

इसी तरह इंदौर, मध्य प्रदेश की रहने वाली 28 वर्षीय गरिमा जैन ने कई साल तक एक फाइनेंशियल सर्विस फर्म में काम करने के बाद सन् 2010 में मुंबई में एक मोबाइल ब्यूटी सर्विस शुरू की। इसका नाम है 'बेलितिया', जो एक डोर-टू-डोर ब्यूटी ऐंड सैलून सर्विस है। उनके पास 4 मोबाइल वैन व 50 ब्यूटीशियन हैं, जो मुंबई के विभिन्न इलाकों में स्थित लोगों के घरों मे जाकर सेवाएँ प्रदान करता हैं।

काम शुरू करने के बाद पहले महीने में इसके 100 ग्राहक बने, जिनकी संख्या आज 4,500 तक पहुँच चुकी है। गरिमा को इसका खयाल होम डिलीवरी पिज्जा को देखकर आया। उन्हें लगा कि इस तरह सौंदर्य सेवाएँ भी तो लोगों के घरों तक पहुँचाई जा सकती हैं। उनके पति को भी यह आइडिया काफी पसंद आया। पति की रजामंदी मिलने के बाद गरिमा ने अपने इलाके में सेवाएँ प्रदान करते हुए इस काम की शुरुआत की, जो आज बढ़ते हुए एक विशाल कंपनी का रूप ले चुका है। इत्तफाक से इन तमाम कारोबारी लोगों ने खुद से यह कहा कि उन्हें काम पर वापस लौटने से पहले एक बार उद्यमशीलता को आजमाना चाहिए। इससे उनकी जिंदगी बदल गई।

फंडा यह है कि जिंदगी में कम-से-कम एक बार उद्यमशीलता को आजमाना कतई बुरा आइडिया नहीं है। यदि सफलता न भी मिले तो आप वापस लौट सकते हैं और यदि आपको सफलता मिल गई तो आपकी पूरी दुनिया बदल सकती है।

□

दूसरों को प्रेरणा देती है आपकी जुझारू क्षमता

भारतीय क्रिकेटर युवराज सिंह जिंदगी में हर लिहाज से एक लेजेंड हैं। उन्होंने अपनी दृढ़ इच्छाशक्ति के बल पर मैदान में व उसके बाहर भी दुनिया को दिखा दिया है कि वे एक ऐसे शख्स हैं, जो हमेशा क्रिकेट-प्रेमियों के दुलारे बने रहेंगे। आखिर उनकी मानसिक दृढ़ता को कौन नजरअंदाज कर सकता है, जिसके सहारे वे कैंसर जैसी घातक बीमारी से उबरते हुए आम जिंदगी में सफलतापूर्वक लौट आए?

दुर्भाग्य से कैंसर हर किसी को किसी-न-किसी लिहाज से प्रभावित करता है। चाहे यह हमारा कोई प्रियजन हो या पसंदीदा सेलिब्रिटी, यह किसी को भी हो सकता है। इनसान के लिए कैंसर वैसा ही है, जैसे सुपरमैन के लिए क्रिप्टोनाइट।

गौरतलब है कि क्रिप्टोनाइट काल्पनिक ग्रह क्रिप्टॉन का खनिज मलबा है, जिसे इस ग्रह को खत्म करने वाली ताकतों ने रेडियोधर्मी पदार्थ में तब्दील कर दिया। क्रिप्टोनाइट के विकिरण के संपर्क में आने से सुपरमैन की शक्तियाँ निस्तेज हो जाती हैं और वह दर्द के मारे अचल हो जाता है। ज्यादा देर तक इसके संपर्क में रहने से सुपरमैन की मौत भी हो सकती है। लेकिन सुपरमैन

इससे निपटने का तरीका खोज लेता है। हालाँकि यह एक काल्पनिक कहानी है।

लेकिन युवराज सिंह जैसे लोग अपनी दृढ़ इच्छाशक्ति के बल पर न सिर्फ कैंसर जैसी घातक बीमारी से उबरने में कामयाब होते हैं, वरन् अपने कार्यक्षेत्र में सर्वश्रेष्ठ प्रदर्शन भी करते हैं। मुंबई में 30 अक्तूबर से 1 नवंबर के बीच इंग्लैंड के खिलाफ अभ्यास मैच के दौरान युवी की 59 रन की पारी और पाँच विकेट ने क्रिकेट प्रेमियों को काफी खुशी व भरोसा दिया। वैसे वे 14-17 अक्तूबर के दौरान हैदराबाद में नॉर्थ जोन व वेस्ट जोन के मध्य हुए मैच में 208 रन की बेहतरीन पारी खेलते हुए खुद को पहले ही साबित कर चुके थे।

युवी जब भी मैदान में उतरते हैं तो एक खास परिवार अपने ड्राइंग-रूम में टेलीविजन पर उन्हें खेलते देख खूब तालियाँ बजाता है। इसके बदले में युवराज से उन्हें इसी तरह की बीमारी से जूझने का हौसला मिलता है, जिसने इस परिवार के कई सदस्यों को अपनी गिरफ्त में ले लिया। जब भी कभी युवी बल्ले से चमत्कारिक प्रदर्शन करें तो नई दिल्ली में लोधी एस्टेट के एक शांत आवासीय कॉम्प्लेक्स में रहने वाले इस परिवार में जश्न का माहौल हो जाता है।

इस परिवार की एक सदस्या आशा सिंह युवराज को मैदान पर दृढ़ इरादों के साथ खेलते हुए अकसर देखती हैं। यदि उनका मध्य नाम न बताया जाए तो आप उन्हें पहचान नहीं सकेंगे। युवराज के बल्ले से निकली हरेक बेहतरीन पारी न सिर्फ आशा के चेहरे पर खुशी ले आती है, वरन् उनके मन में कैंसर जैसी बीमारी से जूझने का हौसला और उम्मीद भी बढ़ जाती है। आशा ने अपनी सास को कैंसर के चलते खो दिया, जो तकरीबन ढाई साल तक इस बीमारी से जूझने के बाद इस दुनिया से रूखसत हो गईं। लेकिन उनकी छोटी बेटी ने हार नहीं मानी और अब वह इस बीमारी से तकरीबन उबर चुकी है। लेकिन खुद आशा कैंसर की चौथी स्टेज में हैं। उन्हें इन दिनों हर तीन हफ्ते में कीमोथैरेपी के लिए जाना पड़ता है। वे शारीरिक रूप से भले ही कमजोर हों, लेकिन मानसिक तौर पर काफी मजबूत हैं। वे पाकिस्तानी मूल के जाने-माने चिकित्सक अमान यू बुजदार से चेकअप के लिए समय-समय पर अमेरिका जाती रहती हैं, जो वहाँ ह्यूस्टन में स्थित यूनिवर्सिटी ऑफ

टेक्सास एम.डी. एंडरसन कैंसर सेंटर में प्रोफेसर भी हैं।

आशा जानती हैं कि चौथी स्टेज में कैंसर से लड़ना न सिर्फ मुश्किल है, वरन् इसके लिए आपको मानसिक तौर पर काफी दृढ़ता और सतत प्रेरणा की भी जरूरत होती है। उन्हें यह प्रेरणा युवी जैसे लोगों से मिलती है। युवी की हरेक बेहतरीन पारी उनके भीतर इस बीमारी से लड़ने का हौसला बढ़ा देती है। उनका पूरा नाम है आशा दिग्विजय सिंह और उनके पति कांग्रेस के राष्ट्रीय महासचिव हैं। हालाँकि युवी इस बारे में कुछ भी नहीं जानते।

फंडा यह है कि यदि आपके भीतर किसी बुराई से लड़ने की ऊर्जा और जज्बा है तो आप कहीं-न-कहीं किसी दूसरे के लिए भी प्रेरणा बन सकते हैं।

□

अपनी मान्यताओं पर हमेशा रहें कायम

अमेरिका में अरकंसास के निकट स्थित छोटे से कस्बे में रहने वाले एक व्यक्ति ने बियर बार बिजनेस शुरू करने का इरादा किया। दूसरे देशों की तरह वहाँ भी किसी धार्मिक स्थल के निकट बार खोलना वर्जित था, लेकिन जिस तरह हर कोई नियम की खामियों का फायदा उठाता है, इस कारोबारी ने भी ऐसा ही करते हुए एक चर्च के सामने एक बार खोलने की मंजूरी हासिल कर ली। चर्च के पादरी इस बात से दु:खी हो गए और उन्होंने इस नए उभरते कारोबार के खिलाफ मुहिम छेड़ दी। चर्च से जुड़ी मंडली ने इस बार को रोकने के लिए एक याचिका दायर कर दी और वे इसके लिए रोज प्रार्थना भी करने लगे।

मगर तमाम याचिकाओं और अभियानों के बावजूद बार का निर्माण कार्य आगे बढ़ता रहा। हालाँकि इसमें कभी-कभी निरीक्षण इत्यादि की वजह से जरूर कुछ रुकावट आ जाती। हालाँकि जब यह तकरीबन पूरा बन चुका था और ओपनिंग की तैयारी चल रही थी, तभी इस पर जबरदस्त बिजली गिरी और यह जलकर खाक हो गया। चर्च से जुड़े लोग काफी खुश थे, लेकिन उनकी यह खुशी ज्यादा दिन नहीं टिकी। बार मालिक ने यह कहते हुए उनके खिलाफ 20 लाख डॉलर का मुकदमा ठोक दिया कि उनकी प्रार्थनाओं की वजह से ही उसका बार खुलने से पहले ही तबाह हो गया और वे ही प्रत्यक्ष या परोक्ष रूप से इसके लिए जिम्मेदार हैं।

चर्च को अपना बचाव पेश करने के लिए कहा गया। कोर्ट को दिए गए अपने जवाब में चर्च ने इस तरह की तमाम बातों से इनकार करते हुए कहा कि उनकी प्रार्थनाओं का बार के गिरने से कोई संबंध नहीं है। अपनी बात की पुष्टि में उन्होंने हार्वर्ड को बेंसन स्टडी का हवाला भी दिया कि इस तरह की प्रार्थनाओं का कोई प्रभाव नहीं पड़ता। गौरतलब है कि हार्वर्ड बिजनेस स्कूल में हर्बर्ट बेंसन की अगुआई में यह जाँचने के लिए एक अध्ययन किया गया था कि धार्मिक मंडलियों द्वारा की गई प्रार्थनाओं से बाइपास रोगियों की शल्य चिकित्सा से जुड़ी जटिलताओं को कम करने में किसी तरह की मदद मिलती है या नहीं। इस स्टडी से जो नतीजे सामने आए, उनके मुताबिक ऐसे मरीज समूह के लिए कोई भी प्रार्थना मददगार नहीं होती। स्टडी के हिसाब से हृदय रोगियों को दो समूह में बाँटा गया था। जिस समूह के हृदय रोगियों की शल्य चिकित्सा के लिए प्रार्थना की गई थी, उनकी मृत्यु दर 13 से 16 प्रतिशत तक रही, जबकि जिन हृदय रोगियों की ऐसी ही शल्य चिकित्सा के लिए प्रार्थना नहीं की गई थी, उनकी मृत्यु दर 14 प्रतिशत थी।

इस रिपोर्ट में धार्मिक आस्थाओं को लेकर विवाद जरूर खड़ा हुआ, लेकिन चर्च ने जब इस असामान्य खोज का अदालत में अपने बचाव के लिए हवाला दिया तब स्थानीय लोगों के बीच कहीं ज्यादा बड़ा विवाद पैदा हुआ। इस केस की सुनवाई के दौरान जज ने पेश किए गए कागजात पर गौर करने के बाद कहा, इस मामले में मैं क्या फैसला दूँगा, यह तो फिलहाल मुझे नहीं पता, मगर इन कागजों को देखकर यह जरूर लगता है कि यहाँ एक बार मालिक है, जो प्रार्थना की शक्ति को मानता है और दूसरी ओर समूचा चर्च व इसके अनुयायी हैं, जो प्रार्थना की शक्ति को नहीं मानते।

फंडा यह है कि मान्यताएँ और क्रियाएँ रेलवे ट्रैक की दो पटरियों की तरह हैं। इन्हें साथ-साथ ही चलना चाहिए। यदि एक भी पटरी जरा भी इधर-उधर हो जाए तो दुर्घटना होना तय है। यदि आप किसी चीज पर भरोसा करते हैं तो हमेशा उसके मुताबिक चलें। इसे सहूलियत के हिसाब से बदलना ठीक नहीं।

□

वर्तमान में रहते हुए जी भर जीएँ

जून 1973 में विजयानंद हट्टंगड़ी समेत चालीस युवा सैन्य अफसरों को बेंगलुरु के आर्मी स्कूल में छह महीने के लिए भेजा गया। वहाँ उन सबके रहने के लिए चालीस वन रूम किचन ब्लॉक्स तैयार थे। उनसे कहा गया कि वे अपने परिवार संग अगले 48 घंटों में वहाँ पहुँच जाएँ। कई अफसर तो लगेज के साथ आए, लेकिन कुछ ने ट्रक के जरिए सामान बुक करवा दिया। स्क्वाड्रन लीडर एम.एम. सिंह तेजपुर से आए थे और उन्होंने एक कार के साथ पूरा लगेज ट्रक के जरिए बुक किया था। तीन महीने के इंतजार के बाद उन्हें टेलीग्राम से सूचना मिली कि उनका सामान लेकर आ रहा ट्रक नदी में गिर गया!

इस दुर्घटना को सेलिब्रेट करने के लिए एक पार्टी आयोजित की गई। स्क्वाड्रन लीडर और उनकी पत्नी 'बिंदास' लोग थे; उन्हें दुर्घटना का कतई अफसोस नहीं था बल्कि वे इस बारे में बात कर रहे थे कि बीमा की रकम से किस तरह तमाम चीजें नई खरीदी जाएँ। इन परिवारों ने इस अल्पकालीन प्रवास में दशहरा, दीपावली समेत कई त्योहार मनाए। इसी दौरान छह नवजात भी इस दुनिया में आए, जिनमें से चार के नाम पिंकू रखे गए। लेडीज क्लब की कुकिंग/आर्ट वर्क/डांसिंग/म्यूजिक/ब्यूटी क्लासेस भी पूरी रफ्तार पर थीं। आए दिन वहाँ प्रतिस्पर्द्धाएँ और पार्टियाँ वगैरह होती रहती थीं। एक्स्ट्रा-कुरिकुलर एक्टिविटीज के लिए आखिर में कई तरह के पुरस्कार वितरित किए गए।

आखिरकार दिसंबर 1973 आ गया, जब इन सबको अलग-अलग

स्टेशनों पर लंबी पोस्टिंग के लिए भेजा गया। अफसरों का पहला बैच और फ्लाइट लेफ्टिनेंट हट्टंगड़ी बैंगलोर (पुराना नाम) रेलवे स्टेशन पहुँचे, जिन्हें अपनी पोस्टिंग के लिए कानपुर पहुँचना था। रेलवे स्टेशन के प्लेटफॉर्म में कदम रखते ही उनका स्वागत इस उद्घोषणा के साथ हुआ कि जल्द ही अखिल भारतीय रेलवे हड़ताल होने वाली है। वे आठ वयस्क और 3 साल से छोटे 8 बच्चे थे। दिल्ली जाने वाली एक ट्रेन को छोड़कर तमाम ट्रेनें रद्द कर दी गई थीं। हट्टंगड़ी मद्रास स्टेशन की महिला अधीक्षक से जाकर मिले और कहा, "मैडम, मेरा बड़ा बच्चा 15 महीने का है और छोटा एक महीने पहले ही जनमा है। हमारे पास सिर्फ 24 घंटों के लिए बेबी फूड है। हमारे साथी तीन और अफसरों के साथ भी यही स्थिति है। हमें ट्रेन से जाना था, मगर हमारी ट्रेन रद्द हो चुकी है, हालाँकि एक और ट्रेन छूटने वाली है, जिससे हम जा सकते हैं। कृपया हमारी मदद करें।" उस सहृदयी महिला ने एक रजिस्टर निकाला और वी.आई.पी. कोटा में उनका नाम दर्ज करते हुए कहा, "यंग ऑफिसर, आज आपके नौनिहाल हमारे वी.आई.पी. हैं।"

जब ट्रेन कागजपुर पहुँची तो ड्राइवर भी हड़ताल में शामिल हो गए और वे एक ऐसे छोटे से प्लेटफॉर्म पर फँसे हुए थे, जहाँ कोई टी-स्टॉल तक नहीं था। हट्टंगड़ी कुछ सामान खरीदने के लिए बाहर गए और बिरला पेपर मिल के वर्करों से जाकर मिले। उनके मन में सेना की वरदी के लिए काफी सम्मान था और उन्होंने न सिर्फ अफसरों व उनके परिजनों बल्कि पूरी ट्रेन के लिए 36 घंटों तक के खाने का इंतजाम किया। आखिरकार ये ऑफिसर्स मध्यरात्रि तक झाँसी पहुँचे। वे जाकर स्टेशन मास्टर से मिले, जिन्होंने उनके गुलाबी गालों वाले आठों बच्चों को एक नजर देखने के बाद तुरंत ही सिर्फ उनके लिए एक छोटी सी द्वितीय श्रेणी की बोगी ट्रेन के साथ जोड़ दी। आखिरकार वे 36 घंटों के बजाय 63 घंटों में कानपुर पहुँच गए।

फंडा यह है कि जिंदगी में हमेशा एक नया रोमांच होता है। यदि आप तय कर लें कि आपको अतीत का चिंतन और भविष्य की फिक्र छोड़ वर्तमान में जीना है तो जिंदगी हमेशा आपके लिए खुशगवार रहेगी।

□

उत्कृष्टता एक बार की उपलब्धि नहीं, आदत है

हाल ही में घोषित आई.आई.टी. जे.ई.ई. के नतीजों में ऑल इंडिया रैंक संख्या 8,137 ने देश भर की मीडिया का ध्यान आकर्षित किया। ऐसा इस वजह से हुआ, क्योंकि इस रैंक को हासिल करने वाला जो बालक है, उसकी उम्र महज 12 साल है। हालाँकि 8,137वीं रैंक पानेवाला सत्यम कुमार इससे खुश नहीं है और उसने बेहतर नतीजे हासिल करने के लिए अगले साल पुनः यह परीक्षा देने की मंशा जताई है।

सत्यम आई.आई.टी., कानपुर से कंप्यूटर साइंस की पढ़ाई कर अगला मार्क जुकरबर्ग बनने की तमन्ना रखता है और फेसबुक की तर्ज पर एडवांस्ड टेक्नोलॉजी वाली एक सोशल नेटवर्किंग साइट तैयार करना चाहता है। बिहार के भोजपुर जिले के एक कृषक परिवार में जनमे सत्यम ने राजस्थान से आठवीं की परीक्षा 68 प्रतिशत अंकों के साथ उत्तीर्ण की। अभिभावकों ने उसके बाद उसका दाखिला इंग्लिश मीडियम स्कूल में करा दिया, जहाँ से उसने दसवीं की परीक्षा और भी बेहतर अंकों के साथ उत्तीर्ण की।

वह आई.आई.टी. जे.ई.ई. की तैयारी कर रहे अपने भाई दीपक कुमार के साथ अपनी नॉर्मल पढ़ाई कर रहा था, तभी उसे अपने भाई के टीचर व रेजोनेंस कोचिंग इंस्टीट्यूट, कोटा के सीईओ आर.के. वर्मा से मिलने का मौका मिला, जिन्होंने उसकी प्रतिभा को देख उसकी पढ़ाई-लिखाई का जिम्मा अपने

ऊपर ले लिया। अच्छी बात यह है कि सत्यम अपनी रैंक सुधारने के लिए अगले साल पुनः आई.आई.टी. जे.ई.ई. में उपस्थित होगा, क्योंकि उसका उत्कृष्टता में गहरा विश्वास है।

इससे मुझे 23 साल पहले की एक घटना याद आ गई, जब मैं इंडियन एक्सप्रेस की स्पेशल मैगजीन 'एक्सप्रेस होटेलियर ऐंड केटरर' की कवर स्टोरी के सिलसिले में 'लीला ग्रुप ऑफ होटल्स' के मालिक कैप्टन सी.पी. कृष्णन नायर से मिला था। मुझे हैरत की बात यह लगी कि कैप्टन नायर वामपंथी विचारधारा से संचालित केरल प्रदेश से थे, जिनके मूल्य लक्जरी अपनाने की इजाजत नहीं देते। फिर भी उन्होंने विश्वस्तरीय लक्जरी होटल तैयार किए।

उन्होंने भारत में कई लक्जरी होटल बनाए और आज उदयपुर व बेंगलुरु जैसे शहरों में स्थापित उनके लीला पैलेस की गिनती दुनिया के सर्वाधिक भव्य होटलों में होती है। वे नब्बे साल के हो चुके हैं और इस उम्र में भी अपने होटलों में जाकर यह चैक करते हैं कि उनमें मौजूद तमाम सुविधाएँ उत्कृष्ट और विश्वस्तरीय मानकों के मुताबिक हों।

उन्होंने अपना कॅरियर आर्मी कैप्टन के रूप में शुरू किया और उनकी पहली पोस्टिंग एबटाबाद (जहाँ पर पिछले साल ओसामा बिन लादेन को खोजकर मार दिया गया) में वायरलैस ऑफिसर के रूप में हुई थी। उनका काम दो मुख्य धुरी ताकतों जर्मनी और जापान के बीच संदेशों को पकड़ना था। सन् 1952 में उन्होंने रिटायरमेंट ले लिया और आर्मी कमांडर जनरल के एडीसी व प्रिंसिपल ऑफिसर बन गए, लेकिन बाद में उन्होंने आर्मी को पूरी तरह अलविदा कहते हुए अपने ससुर की टेक्सटाइल इंडस्ट्री ज्वॉइन कर ली। सन् 1957 में उन्होंने अपनी पत्नी के नाम पर 'लीला लेस लिमिटेड' कंपनी की स्थापना की। इसके बाद उन्होंने अस्सी के दशक में विश्वस्तरीय मानकों के अनुरूप 'लीला ग्रुप ऑफ होटल्स' की नींव रखी।

फंडा यह है कि उत्कृष्टता निश्चित तौर पर कोई एक बार की उपलब्धि नहीं, वरन् एक आदत है। एक बार यह किसी व्यक्ति की आदत में शुमार हो जाए, उसके बाद वह ताउम्र कोई औसत दर्जे का काम नहीं करता।

□

एक द्वार बंद होने पर कई खुल जाते हैं

सन् 1995 में जब मोहम्मद अब्दुल्ला दलाल की बीवी ने बेटी को जन्म दिया तो उनकी खुशी का ठिकाना न रहा। उन्होंने अपनी बेटी का नाम रखा—जैनब। जिसका आशय है गौरवशाली पिता की बेटी। नन्ही परी सी दिखने वाली जैनब दलाल के माता-पिता नहीं जानते थे कि वह उनके द्वारा पुकारे जानेवाले उसके नाम को कभी सुन भी नहीं पाएगी। वह कभी किसी प्रकार की ध्वनि पर प्रतिक्रिया नहीं देती। इससे उसकी बोलने की क्षमता भी प्रभावित हुई। तीन बरस की यह बच्ची हमेशा एक कागज लेकर बैठी रहती और जो भी देखती, उसे कागज पर उकेरती रहती। इससे चित्रकारी में तो उसका हाथ सधने लगा, लेकिन समस्या तो बोलने-सुनने और शब्दों को समझने की थी। इससे उसके अभिभावक भी काफी परेशान रहते, लेकिन उन्होंने हिम्मत नहीं हारी। चिकित्सकीय उपचार करवाने के अलावा उन्होंने उसे मुंबई में सेंट्रल सोसाइटी फॉर द एजुकेशन ऑफ डेफ में भी भेजा।

लेकिन जैनब कुछ ऐसा करना चाहती थी, जिससे उसके पिता को उस पर गर्व हो। ऊँची उम्मीदों के साथ उसने अपने माता-पिता से कहा कि वह एक आम स्कूल में जाकर दूसरे अन्य आम बच्चों की तरह ही शिक्षा पाना चाहती है। उसने पहली कक्षा में खूब मेहनत की, ताकि उसे अपने मौजूदा स्कूल से यह सर्टिफिकेट मिल सके कि वह आगे रेगुलर स्कूल में पढ़ने के

लिहाज से तैयार है। जैनब और उसके माता-पिता को यकीन था कि इस सर्टिफिकेट के साथ उसे किसी भी स्कूल में दाखिला मिल जाएगा, क्योंकि वह पढ़ने-लिखने में काफी तेज थी। लेकिन हरेक स्कूल ने उसे दाखिला देने से इनकार कर दिया, जिससे उनकी उम्मीदें पूरी तरह टूट गईं। स्कूल वालों का कहना होता कि वह अपनी बोलने व सुनने की समस्या के चलते रेगुलर स्कूलिंग के साथ सामंजस्य नहीं बिठा पाएगी।

सन् 2004 में स्थानीय मीडिया ने इसका संज्ञान लिया। मीडिया में स्टोरी आने के बाद उसे मुंबई के एक अपमार्केट इलाके फोर्ट में स्थित यंग लेडीज हाई स्कूल जैसे प्रतिष्ठित विद्यालय में दाखिला मिल गया। स्कूल टीचर जानते थे कि यदि उन्हें उस सेशन में पढ़ाने जाना पड़ा, जिसमें जैनब पढ़ती है तो उन्हें बोर्ड पर हर चीज समझाने के लिए अतिरिक्त मेहनत करनी होगी, क्योंकि जैनब उनकी आवाज नहीं सुन सकती। दूसरी ओर क्लास के अन्य बच्चों को लगता कि उसकी वजह से पढ़ाने की रफ्तार सुस्त हो जाती है, क्योंकि हर चीज बोर्ड पर लिखकर समझानी पड़ती। टीचरों को अपने इन दोनों तरह के बच्चों को सँभालने में काफी मुश्किलें आतीं। यदि जैनब क्लास में टीचर द्वारा कही या समझाई गई कुछ बातों को समझ पाती तो उसकी दो सहेलियाँ मेहविश और नगमा क्लास के बाद इन्हें समझने में उसकी मदद करतीं।

इस साल उसने एस.एस.सी. परीक्षा में 75.67 प्रतिशत अंक प्राप्त करते हुए अपने माता-पिता व शिक्षकों को गौरवान्वित होने का मौका दिया। अब जैनब की निगाह एक और लक्ष्य की ओर है। अब वह फोर्ट में ही स्थित सेंट जेवियर्स कॉलेज से आर्किटेक्चर में डिग्री हासिल करना चाहती है। जाहिर तौर पर उसके माता-पिता व टीचर जानते हैं कि ड्राइंग के प्रति उसका रुझान आर्किटेक्ट बनने के उसके सपने को पूरा करने में मददगार साबित होगा।

फंडा यह है कि यदि ईश्वर/अल्लाह अपने बंदे के लिए एक दरवाजा बंद करता है तो कई अन्य दरवाजे खोल भी देता है। अब यह हम पर निर्भर है कि हम उस खुले दरवाजे का इस्तेमाल करते हुए जीवन में किस तरह आगे बढ़ते हैं।

□

अपने जीवन को सार्थक बनाएँ हम

बीते सप्ताहांत हमने अपना कुछ समय दारना नदी के तट पर गुजारा। दारना गोदावरी से जुड़ने वाली एक प्रमुख नदी है। यह सह्याद्रि पर्वत से निकलती है, जो महाराष्ट्र में इगतपुरी से तकरीबन एक मील दूर दक्षिण में स्थित है। यह पचास मील लंबे घुमावदार रास्तों से होकर बहती है। हालाँकि यह नदी बहुत ज्यादा ऊँचाई से नहीं बहती, फिर भी अनेक छोटी-छोटी जलधाराओं में विभक्त हो जाती है। बहरहाल, दारना नदी के तट पर पहुँचकर अचानक मुझे एक घटना याद आई, जो उसी जगह 25 साल पहले घटित हुई थी। मैं इसे आपसे शेयर करना चाहता हूँ।

वह एक खुशनुमा रविवार का दिन था। सूरज की चमकती रोशनी में कोई भी बँगले के बाहर लगी नाम-पट्टिका में सुनहरे अक्षरों से उत्कीर्ण मेजर वर्मा का नाम आसानी से पढ़ सकता था। वहाँ कर्णप्रिय संगीत बज रहा था और 6-7 लड़कियाँ लॉन में थिरक रही थीं। यह एक खुशहाल घर था। रोज की तरह टेनिस खेलने के बाद मेजर वर्मा वापस लड़कियों के पास पहुँचे तो कोई डैडी और कोई अंकल कहते हुए उनकी ओर दौड़ पड़ीं। वे पिकनिक पर बाहर जाने के लिए उनसे जिद कर रही थीं। बच्चियों की जिद के आगे हार मानते हुए मेजर ने अपने साथी अफसरों और वहाँ खेल रहे बाकी बच्चों के माता-पिता (जो उनके जूनियर थे) को बुलाया और दारना नदी पर पिकनिक मनाने निकल पड़े।

पिकनिक मनाने पहुँचे तमाम बच्चे वहाँ घुटनों तक पानी में जमकर मस्ती करने लगे। तभी अचानक नदी के ऊपरी छोर पर स्थित बाँध के दरवाजे खोल दिए गए। इससे पहले कि लोग कुछ समझ पाते, वहाँ तेज प्रवाह के साथ हजारों लीटर पानी बहते हुए आ गया और बच्चे उस पानी में डूबने-उतराने लगे। हालाँकि मेजर वर्मा की छोटी बेटी कार्तिकी को छोड़कर सबको बचा लिया गया।

महीने भर के शोक के बाद मेजर वर्मा के परिवार ने नए सिरे से अपने जीवन पर ध्यान देना शुरू किया। उन्हें अपनी बेटी की कमी खलती थी और वे एक बच्चा चाहते थे। दिक्कत यह थी कि मेजर वर्मा नसबंदी करा चुके थे। आर्मी डॉक्टर से यह जानने के बाद कि ऑपरेशन के जरिए नसबंदी को निष्प्रभावी करना संभव है। उन्होंने दोबारा ऑपरेशन करवाया, लेकिन इससे उन्हें कोई फायदा नहीं हुआ। इसके बाद वर्मा दंपती बच्चे को गोद लेने के लिए पुणे के एक सेंटर पहुँचे। यह सेंटर एक ब्रिगेडियर की बेटी का था, जिन्होंने उनसे कहा, ''चूँकि आपकी पहले से एक बेटी है, लिहाजा आप लड़के को ही गोद ले सकते हैं।'' वर्मा दंपती इसके लिए राजी हो गए। एक हफ्ते के भीतर वे तीन महीने के एक नन्हे बालक को लेकर आ गए। अब उनके पास कार्तिकी की जगह कार्तिक था। बहरहाल, बीते सप्ताहांत इस घटना की याद के बाद मेरे परिवार व मैंने उनके घर जाने का इरादा किया। हमारा डिनर पर मिलना तय हो गया। जब हम नासिक के एक खूबसूरत अपार्टमेंट में स्थित उनके घर पहुँचे तब तक शाम हो चुकी थी और ढलते सूरज की रोशनी में उनके दरवाजे पर लगी सुनहरी नेम प्लेट दमक रही थी। उस पर लिखा था—'मेट कमांडर कार्तिक वर्मा'। मुझे एहसास हुआ कि सूरज कभी चमकना नहीं छोड़ता।

(मेजर का नाम उनके निवेदन पर बदल दिया गया है, लेकिन यह परिवार आज भी नासिक में रहता है।)

फंडा यह है कि जीवन और मौत के चक्र की तरह कुछ ऐसी चीजें हैं, जिन्हें टाला नहीं जा सकता। लेकिन हम कुछ ऐसा तो कर ही सकते हैं, जिससे हमारा जीवन सार्थक हो जाए।

□

दृढ़ इरादों से बेहतर काम करता है कॉमनसेंस

यह सन् 1970 के दशक की बात है। देश की पहली महिला आई.पी.एस. अधिकारी किरण बेदी ने उस वक्त अपना कार्यभार सँभाला था। उसी दौरान नई दिल्ली के सदर बाजार इलाके में छिटपुट दंगे हो गए। तत्कालीन पुलिस कमिश्नर ने किरण बेदी से बीस पुलिसकर्मियों को लेकर मौका-ए-वारदात पर पहुँचने के लिए कहा। जब वे सदर बाजार की ओर जा रही थीं, तभी कमिश्नर ने वायरलेस रेडियो के जरिए उन्हें ताजा जानकारी देते हुए बताया कि उपद्रवी तत्त्वों ने एक मकान में आग लगा दी है, जिसमें कम-से-कम बीस लोग फँसे हुए हैं। किरण बेदी से जल्द-से-जल्द उस गली में पहुँचने के लिए कहा गया। जब किरण बेदी अपनी टीम के साथ घटनास्थल पर पहुँचीं तो उन्होंने देखा कि मकान के भीतर फँसे लोग मदद के लिए चीख-पुकार मचा रहे हैं और आग विकराल रूप ले चुकी है।

किरण बेदी ने अपने कांस्टेबलों से दरवाजा तोड़ने के लिए कहा, लेकिन किसी को ऐसा करने की हिम्मत नहीं हुई। इसके बाद उन्होंने अपने एक कांस्टेबल से कहा कि वह उनके ऊपर पानी डाल उन्हें पूरी तरह से गीला कर दे। इस गीली यूनिफॉर्म के साथ वे दरवाजे के निकट पहुँचीं और उसे तोड़ते हुए अंदर दाखिल हो गईं। अंदर पहुँचते ही उनकी नजर सामने बैठी एक

महिला पर पड़ी। किरण बेदी घसीटते हुए उसे मकान के बाहर ले आईं। जब कांस्टेबलों ने अपनी सीनियर महिला अधिकारी को निर्भीकता के साथ जलते मकान में दाखिल होकर महिलाओं को बचाते हुए देखा तो उन्होंने भी एक-दूसरे को पानी से गीला किया और लोगों को बचाने के लिए मकान के भीतर दाखिल हो गए। मकान में फँसे सभी सत्रह लोगों को जीवित बचा लिया गया और किरण बेदी ने सात लोगों को अपने कंधों पर उठाकर बाहर पहुँचाया।

उनसे जुड़ी एक और गाथा है, तब वे दिल्ली ट्रैफिक पुलिस की हेड थीं। उनका मानना था कि आम जनता के लिए बनी सड़कों पर वाहनों को पार्क कर इन्हें ब्लॉक नहीं किया जा सकता है। ऐसे ही एक व्यस्त मार्ग पर जब उन्होंने देखा कि आम आदमी अपना स्कूटर भी नहीं निकाल पा रहा है तो उन्होंने एक क्रेन लाने के लिए कहा। उन दिनों दिल्ली पुलिस के पास महज दो क्रेन थीं और दोनों ही सुधरने के लिए पड़ी थीं। ऐसे में उन्होंने प्राइवेट क्रेन का इंतजाम करने के लिए कहा। इस तरह प्राइवेट क्रेन इस परिदृश्य में आ गई और कुछ ही दिनों में पूरी दिल्ली का आलम यह हो गया कि जैसे ही कोई इन्हें सड़कों पर देखता तो वह दहशत से भर जाता। उनका यह काम उस वक्त जबरदस्त सुर्खियों में आया, जब उन्होंने गलत साइड में पार्क की गई एक कार को उठवाकर थाने पहुँचा दिया, जबकि उन्हें बताया गया था कि यह कार प्रधानमंत्री कार्यालय की है। यह एक अलग कहानी है कि कमिश्नर को किरण बेदी के इस ईमानदार कृत्य के लिए काफी खरी-खोटी सुननी पड़ी; लेकिन उन्होंने राजनीतिक दबाव के आगे झुकने से इनकार करते हुए किरण का ही साथ दिया। इस तरह जल्द ही दिल्लीवासी यातायात के नियम-कायदों के मुताबिक चलने लगे।

एक बार किरण बेदी से साक्षात्कार के दौरान मैंने उनसे पूछा कि उपर्युक्त दोनों मामलों से निपटते वक्त उनके दिमाग में क्या चल रहा था। इस पर उन्होंने कहा, ''मैंने ठान लिया था कि किसी भी सूरत में मुझे आग में फँसे लोगों की जान बचानी है। जहाँ तक दूसरी घटना की बात है तो मैंने तय कर लिया था कि आम लोगों को भी गुजरने के लिए मार्ग देना है, न कि इस पर राजधानी के कुछेक कार मालिकों का कब्जा रहे।''

□

कामयाबी के लिए ऑटो मोड से बाहर निकलिए

22 जनवरी, 2013 को देश के हर अखबार ने तमाम मुश्किलों से पार पाते हुए ऑल इंडिया चार्टर्ड अकाउंटेंसी परीक्षा में टॉप करने वाली प्रेमा जयकुमार के बारे में खबर छापी। प्रेमा मुंबई में रहने वाले एक ऑटो ड्राइवर की बेटी है। अब ताजा खबर यह है कि बेंगलुरु में ऑटो रिक्शा चलानेवाली बी वेंकटलक्ष्मी 8 फरवरी को बार काउंसिल परीक्षा में कामयाबी हासिल कर वकील बन गई हैं। प्रेमा जयकुमार ने बी.कॉम थर्ड ईयर की पढ़ाई पूरी करने के बाद वर्ष 2008 में सीए की परीक्षा के लिए अपनी तैयारी शुरू की थी। एंट्रेंस परीक्षा के लिए वे किसी कोचिंग क्लास में नहीं गईं, हालाँकि फाइनल एक्जाम के लिए उन्होंने इसकी मदद ली। उन्हें स्कॉलरशिप मिली थी, इसलिए उन्हें फीस नहीं देनी पड़ी। कोचिंग वालों को लगा कि बाकी छात्रों के मुकाबले प्रेमा ज्यादा जहीन और काबिल हैं, तो उन्होंने उन्हें स्कॉलरशिप देने का प्रस्ताव रखा ताकि उनके माता-पिता पढ़ाई के खर्चों को लेकर निश्चिंत रह सकें।

बेंगलुरु की गिनी-चुनी महिला ऑटो चालकों में शामिल वेंकटलक्ष्मी पिछले 13 सालों से यह काम कर रही हैं, हालाँकि वर्ष 2008 में एलएलबी

कोर्स में दाखिला लेने के बाद से वकील बनने का सपना उनकी आँखों से एक पल के लिए भी ओझल नहीं हुआ। अपने नियमित कस्टमर्स के बीच ऑटो वेंकटलक्ष्मी के नाम से मशहूर वे पिछले साल 9 दिसंबर को बार काउंसिल की परीक्षा में शामिल हुईं।

प्रेमा के पिता जयकुमार पेरूमल करीब 25 साल पहले तमिलनाडु के विल्लूपुरम जिले में स्थित अपने गाँव पेरियाकोल्लियूर से बेहतर जीवन की तलाश में मुंबई आए थे। वे बीते 20 सालों से ऑटो चला रहे हैं और इसी कमाई से उन्होंने अपने तीनों बच्चों का पालन-पोषण किया है। उन्होंने हमेशा अपन बच्चों को पढ़ाई के लिए प्रोत्साहित किया और आज उनकी उपलब्धियों से खुश हैं। उनका दूसरा बेटा भी इस साल सीए की परीक्षा में बैठने की तैयारी कर रहा है।

कानून के प्रति वेंकटलक्ष्मी के झुकाव के बारे में साथी ऑटो ड्राइवर्स पहले से ही जानते हैं। सड़क पर चलते हुए अपने बारे में वे जिस तरह पुलिस वालों से बहस करती हैं, वह कानून की उनकी समझ के बारे में बताने के लिए पर्याप्त है। वह सुबह घर से जल्दी निकलकर पहले अपनी बेटी को स्कूल छोड़तीं और फिर वहाँ से बासवेश्वर नगर स्थित बाबू जगजीवन राम लॉ कॉलेज जातीं, जहाँ से वह पाँच साल का एलएलबी कोर्स कर रही थीं। क्लास पूरी होने के बाद वह अपने ऑटो में सवारियों को ढोने का काम करती थीं। मलाड के चॉल में एक कमरे के मकान में अपने माता-पिता और भाई के साथ रहने वाली 24 वर्षीय प्रेमा ने 800 में से 607 अंक हासिल किए। वे इससे पहले भी अपनी शैक्षिक विशिष्टता का प्रदर्शन कर चुकी हैं। मुंबई यूनिवर्सिटी की बी.कॉम थर्ड ईयर की परीक्षा में 90 प्रतिशत अंक हासिल कर वह दूसरे स्थान पर रही थीं।

वकालत की प्रैक्टिस शुरू करने के लिए वेंकटलक्ष्मी के लिए एलएलबी का कोर्स पूरा करना ही पर्याप्त नहीं था। इसके लिए बार काउंसिल की परीक्षा पास करना भी जरूरी था। अब वे अपने क्लाइंट्स के मामलों में खुद ब्रीफिंग ले सकती हैं, अदालत में पैरवी कर सकती हैं और सबसे अच्छी बात यह कि वे शान के साथ अपने नए पेशे की पहचान काला कोट पहन सकती हैं।

अपनी खुद की फर्म शुरू करने से पहले प्रेमा किसी कंपनी के साथ काम कर अनुभव हासिल करना चाहती हैं ताकि वे अपने कस्टमर्स की उम्मीदों पर खरी उतर सकें। वहीं वेंकटलक्ष्मी ऐसे लोगों की खास तौर पर मदद करना चाहती हैं, जिनकी जमीन उनके हाथ से निकल गई है। अपने लक्ष्य को हासिल करने की उत्कट इच्छा और काम के प्रति प्रतिबद्धता को देखते हुए इसमें कोई आश्चर्य नहीं होना चाहिए कि कुछ सालों बाद वे लॉयर वेंकटलक्ष्मी के रूप में भी अपने कस्टमर्स के बीच उतनी ही लोकप्रिय होंगी, जितनी आज ऑटो वेंकटलक्ष्मी के रूप में हैं। इन दोनों के बीच एक चीज जो कॉमन है, वह ये कि 2008 से 2013 के बीच पिछले पाँच सालों में उन्होंने अपने लक्ष्य को एक पल के लिए भी अपनी आँखों से ओझल नहीं होने दिया।

फंडा यह है कि यदि आप जीवन में तेजी से आगे बढ़ना चाहते हैं तो ऑटो गियर से बाहर निकलिए। यह आपको आपके प्रतियोगियों से काफी आगे लेकर चला जाएगा।

☐

दूसरों की जिंदगी में सकारात्मक बदलाव लाने की अनूठी खुशी

कोटनी पावनी कुमारी महज 31 साल की थी और उसका निधन भी उसी दौरान हुआ, जब 'निर्भया' ने सिंगापुर के अस्पताल में अंतिम साँस ली। लेकिन कोटनी की मौत की ओर किसी का ध्यान नहीं गया। उसने बेंगलुरु के मनिपाल अस्पताल में अपनी अंतिम साँस ली। उसे लेफ्ट फ्रंटल सेरेबेलर हैमरेज (साधारण शब्दों में कहें तो ब्रेन हैमरेज) हुआ था। डॉक्टरों ने उसका ऑपरेशन कर हैमरेज की वजह से जमा हुए रक्त के थक्के को हटाने की कोशिश की, लेकिन उसका रक्तस्राव रुक नहीं रहा था और प्लेटलेट्स की कमी के साथ उसकी स्थिति लगातार बिगड़ती गई और आखिरकार डॉक्टरों ने उसे ब्रेन डेड घोषित कर दिया। उसके सिविल इंजीनियर पति कोटनी साई प्रसाद ने उसके अंगदान करने की इच्छा व्यक्त की, जिसके बाद इस बुधवार को उसके अंगों को निकालने की प्रक्रिया संपन्न हुई।

उसने अपनी मौत के बाद सात लोगों की जिंदगी को रोशन कर दिया। उसके दोनों कॉर्निया, दिल के दो वाल्व, दोनों गुर्दे और जिगर उसके शरीर से निकाल जरूरतमंदों के शरीर में प्रत्यारोपित किए गए। यदि किसी डोनर के सभी अंग स्वस्थ हों, तो कम-से-कम 10 मरीज उससे लाभान्वित हो सकते

हैं। इन अंगों में हृदय, फेफड़े, जिगर (जिसे दो लोग साझा कर सकते हैं), दो गुर्दे, अग्न्याशय, छोटी आँत और दो कॉर्निया शामिल हैं। बेंगलुरु में ही विभिन्न जेलों के 50 कैदियों ने मिलकर एक समूह बनाया है, जो अपने ब्रांड के बेकरी उत्पादों और गारमेंट्स के जरिए निजी उत्पादकों को कड़ी टक्कर दे रहा है। लेकिन इस साल से इन लोगों ने जेल के बाहर के लोगों को हरियाली के बारे में पाठ पढ़ाने की एक योजना तैयार की है। खुली जेल के ये सुधरे हुए कैदी इस साल फरवरी में एक पौध-नर्सरी खोलने जा रहे हैं। इसके लिए बीज बोए जा चुके हैं। इनमें 50 से ज्यादा किस्म के पौधों और फलों के सैंपल उगाना शामिल है। उन्होंने पहले साल में एक लाख सैंपलिंग उगाने का लक्ष्य तय किया है। इनकी पहली खेप फरवरी में उपलब्ध हो जाएगी। वे इन सैंपल्स को जेल अधिकारियों के अलावा हरियाली की दिशा में अभियान चलाने वाली अर्द्धशासकीय संस्थाओं को भी देंगे। उन्हें उम्मीद है कि जून तक उनके पौधों के सैंपल बिकने शुरू हो जाएँगे। इन कैदियों ने ऑर्गेनिक तरीके से सब्जियाँ व गुलाब उगाते हुए पहले ही अपनी छाप छोड़ दी है। यह पौध-नर्सरी सौ एकड़ से ज्यादा एरिया में फैले ओपन एयर जेल के भीतर तैयार की जाएगी। इसके 50 से ज्यादा कैदियों में से कुछ चुनिंदा सदस्य जो पहले ही खेतीबाड़ी या फसलों के उत्पादन से जुड़े हैं, इस नर्सरी पर काम करेंगे। इस जेल परिसर में मौजूद विस्तृत जमीन का समुचित दोहन करने के लिए यहाँ के कैदियों और पुलिस अधिकारियों ने मिलकर एक ग्रीन हाउस औषधीय पौधा अनुभाग भी तैयार किया है, जिससे इस जेल को काफी मुनाफा हो सकता है। इस बीच पुणे में कम-से-कम 9,000 कचरा बीनने वालों की ट्रेड यूनियन अपने सदस्यों के लिए बड़े पैमाने पर जागरूकता अभियान चला रही है। इससे इन सदस्यों के बच्चों को स्कूलों में 25 फीसदी आरटीई (शिक्षा का अधिकार) कोटे के तहत दाखिला दिलाने में मदद मिलेगी। गौरतलब है कि पिछले साल इसके सिर्फ 42 सदस्यों के बच्चों को इस कोटे के अंतर्गत दाखिला मिला और वह भी बड़ी मुश्किल से। कागद कच पत्र काश्तकारी पंचायत (केकेपीकेपी) द्वारा अपने कचरा बीनने वाले सदस्यों के लिए चलाए जा रहे इस जागरूकता कार्यक्रम में इस बात पर जोर दिया जा रहा है कि आरटीई अधिनियम के प्रावधानों का

खासकर समाज के अभावग्रस्त व पिछड़े समुदायों के बच्चों के लिए 25 फीसदी आरक्षण कोटे के संदर्भ में किस तरह बेहतर इस्तेमाल किया जाए।

फंडा यह है कि कोई शख्स यदि चाहे तो मौत के बाद भी दूसरों की जिंदगी में बदलाव ला सकता है। तो हम जैसे जीवित इनसानों को दूसरों की जिंदगी में सकारात्मक बदलाव लाने से कौन रोकता है? किसी की जिंदगी में बेहतरी की खातिर बदलाव लाएँ और फिर देखें, आपको कितनी खुशी मिलती है।

□

पिज्जा की तरह है जिंदगी

राजस्थान के उदयपुर में रहने वाले जोएब अली साबुनवाला की छोटी बेटी है मुबीना। उसने वर्ष 2007 में बारहवीं की बोर्ड की परीक्षा में बायोलॉजी में 99 अंक हासिल किए। उसके माता-पिता चाहते थे कि वह मेडिकल की पढ़ाई के लिए होने वाली अखिल भारतीय प्रतियोगी परीक्षा की तैयारी करे। वे उसे किसी सरकारी मेडिकल कॉलेज में दाखिला दिलाना चाहते थे, क्योंकि प्राइवेट कॉलेजों की महँगी फीस चुकाना उनके लिए संभव नहीं था। हालाँकि मुबीना ने अपनी ओर से पूरी कोशिश की, लेकिन समुचित मार्गदर्शन के अभाव में वह राजस्थान पीएमटी, सीपीएमटी व इसी तरह की अन्य प्रवेश परीक्षाओं में अच्छी रैंक हासिल नहीं कर सकी। मगर उसने हार नहीं मानी और उसके अभिभावकों ने उसे कोचिंग के लिए कोटा भेज दिया। एक साल की कोचिंग के बाद वह तमाम चिकित्सा सेवा प्रवेश परीक्षाओं में पुन: बैठी। वह अलीगढ़ मुसलिम यूनिवर्सिटी की प्रवेश परीक्षा में अच्छे अंक हासिल नहीं कर सकी, क्योंकि परीक्षा के वक्त गुर्जर समुदाय के आंदोलन की वजह से पूरी परिवहन व्यवस्था गड़बड़ा गई और इसके चलते वह परीक्षा हॉल में तयशुदा वक्त से आधा घंटा देरी से पहुँच पाई थी। उसने राजस्थान पीएमटी में सामान्य वर्ग में 117वीं रैंक हासिल की, लेकिन उसे किसी भी सरकारी कॉलेज में दाखिला नहीं मिल सका। उसने सीपीएमटी में 2984वीं, मनिपाल में 300वीं और

वीआईटी में 450वीं रैंक हासिल की। उसके परिवार की उम्मीदें टूटने लगीं और उन्होंने उसका दाखिला एक स्थानीय कॉलेज में बायो-टेक्नोलॉजी विषय में करवा दिया। इसी बीच, उसे सीपीएमटी की दूसरी काउंसिलिंग के लिए बुलावा आ गया। उस काउंसिलिंग में उसे मुंबई के गवर्नमेंट डेंटल कॉलेज (सेंट जॉर्ज हॉस्पिटल) में एक सीट मिल गई।

चूँकि उसके पिता जोएब ने खुद बॉम्बे यूनिवर्सिटी से बी.कॉम की डिग्री हासिल की थी, लिहाजा उन्होंने ऊपरवाले की इस रहमत के लिए शुक्रिया अदा किया और मुबीना का दाखिला तुरंत उस कॉलेज में करवा दिया। हालाँकि आगे सीटों की और उठापटक में उसके लिए असम की डिब्रूगढ़ यूनिवर्सिटी से लेकर आंध्र प्रदेश और तमिलनाडु की कुछ यूनिवर्सिटीज में एमबीबीएस पाठ्यक्रम में दाखिले की गुंजाइश बनी। मगर उसके पिता जोएब के जेहन में 1970 के दशक के दौरान मुंबई में अपनी पढ़ाई के दिनों की यादें ताजा थीं, लिहाजा उन्होंने मुबीना को किसी अनजान जगह पर भेजने की बजाय मुंबई में ही पढ़ाना बेहतर समझा। जोएब अली और उसकी बीवी अपनी बेटी से रोज रात साढ़े नौ बजे के बाद फोन पर बात करते। इसी तरह एक दिन वे अपनी बेटी से फोन पर बतिया रहे थे, तभी उन्होंने कुछ पटाखे फूटने जैसी आवाजें सुनीं। उसी दौरान एक शख्स तेजी से हॉस्पिटल होस्टल के अंदर भागता हुआ आया और सभी लड़कियों से अपने कमरों के खिड़की-दरवाजे बंद करने के लिए कहने लगा, क्योंकि बाहर आतंकी हमला हुआ था। यह 26/11 का दिन था और अजमल कसाब एंड कंपनी सेंट जॉर्ज हास्पिटल के निकट स्थित छत्रपति शिवाजी टर्मिनस पर खुलेआम लोगों को अपनी गोलियों का निशाना बना रही थी। उदयपुर में बैठे मुबीना के फिक्रमंद अभिभावकों ने तुरंत अपना टीवी ऑन किया, जिस पर आतंकियों के इस बर्बर कृत्य की खबरें लाइव प्रसारित हो रही थीं। जब उन्होंने यह सुना कि आतंकी हॉस्पिटल में घुस गए हैं तो वे बेहद घबरा गए।

चूँकि जोएब मुंबई के भूगोल के बारे में जानते थे और टीवी पर उस दिन इस महानगर के हर हिस्से को दिखाया जा रहा था, लिहाजा उनका तनाव लगातार बढ़ता जा रहा था। जोएब और उनकी बीवी तकरीबन 48 घंटों तक

टीवी से चिपके बैठे रहे, जब तक खबर नहीं आ गई कि रेलवे स्टेशन और उससे सटे इलाके पूरी तरह सुरक्षित हैं। अगले दिन हॉस्पिटल के तमाम स्टूडेंट्स से रक्तदान और घायलों का उपचार करने के लिए कहा गया। सेंट जॉर्ज हॉस्पिटल में तकरीबन साठ से सत्तर घायलों को लाया गया था। घायलों की मदद करने वालों में मुबीना भी एक थी। उसने अपने बीडीएस कोर्स की पढ़ाई प्रथम श्रेणी के साथ पूरी की और फिलहाल उसकी इंटर्नशिप चल रही है, जो सितंबर 2013 तक पूरी हो जाएगी। महिलाओं के खिलाफ बढ़ते अपराधों को लेकर फिक्रमंद उसके अभिभावकों को उम्मीद है कि सितंबर तक उनकी बेटी आत्मनिर्भर होकर घर लौट आएगी।

फंडा यह है कि कठिनाइयों में भी धैर्य रखकर उनसे पार पा लेना ही जीवन को सार्थक बनाता है। किसी के बर्बर कृत्य के लिए उसकी जितनी निंदा की जाए, वह कम है। साथ ही इन कृत्यों में पीड़ितों की मदद करनेवालों की जितनी सराहना की जाए, वह कम है।

□□□